ヘイトスピーチ

「愛国者」たちの憎悪と暴力

安田浩一

文春新書

1027

ヘイトスピーチ 「愛国者」たちの憎悪と暴力 ◎ 目次

＊文中敬称略
＊年齢は２０１５年３月現点です

プロローグ

▼パレ・ウィルソンの攻防戦

クロワッサンのような形をしたレマン湖の西端に位置するのが、スイス第二の都市・ジュネーブだ。三方を囲む山々の向こう側は隣国フランスである。

各種の国際機関が集中することで知られるジュネーブは、住民の４割が外国人ということもあり、街を歩く人々の顔つきも、身なりも、多様性に富んでいる。

２０１４年８月20日と21日の２日間、この国際都市で国連人種差別撤廃委員会の日本審査が行われた。人種差別撤廃条約に加入している日本の履行状況を調査するためのものだ。

会場となったのはレマン湖畔に位置する同委員会本部だ。パレ・ウィルソンと呼ばれる荘厳なるつくりの建物は、国際連盟の創設を提唱した第28代米大統領ウッドロー・ウィルソンにちなんで命名されたという。

ここは、近代日本の明暗を分けた場所として知られる。１９３３年の国際連盟特別総会がこの建物で開催された。中国からの日本軍撤退を求める報告案に対し、日本代表団の松岡洋右《ようすけ》全権は唯一反対票を投じ、その後、日本は国際連盟を脱退した。

そうした歴史と結びつける気はさらさらないが、しかし、日本にとってパレ・ウィルソンは、その後も居心地の良い椅子を提供しているわけではない。

この日も、人種差別撤廃委員会に出席した政府関係者は、各国委員から集中砲火を浴びることとなった。

議案の中心は「ヘイトスピーチ」の問題であった。

「なぜ、日本はヘイトスピーチを容認しているのか」

「なぜ、ヘイトスピーチを取り締まるための法整備ができないのか」

「警察は差別デモを守るために機能しているのか」

各国委員からは厳しい意見が相次いだ。

これに対し、日本は防戦一方だったといってもよいだろう。

「日本政府はこの問題に手をこまねいているわけではない」

「表現の自由を委縮させる危険を冒してまで、我が国はまだ、ヘイトスピーチの処罰を立法化させる状況にはなっていない」

記者席で政府代表団の回答を聞きながら、私はこれまで目にしてきた「ヘイトスピーチの風景」を思い出していた。

私が認識している「我が国の状況」とは、たとえば次のようなものである。

▼〝李明博人形〟を踏みつける

旭日旗がへんぽんと翻る大阪・天王寺区の公園に、「愛国者」を名乗る老若男女が集まった。2013年2月24日のことだ。

「日韓国交断絶国民大行進」と題されたデモが、いままさに始まろうとしている。

「在日（コリアン）への憎しみだけを込めて行進しましょう！」

数十人の参加者を前にして主催者の青年が大声で呼びかけた。

「よし！」「そうだ！」

参加者が拳を突き出して呼応する。

「朝鮮人を追い出せ！」

興奮した若者の絶叫が公園に響き渡った。

私にとっては見慣れた光景だ。もう何年も、こうしたデモや集会の姿を網膜に焼き付けてきた。それでも、このギラギラと高揚した場の雰囲気に、身体が慣れることはない。憎悪なのか、それとも娯楽なのか。参加者の紅潮した顔つきを見ていると、思わずたじろいでしまう。

落ち着かない。気持ちがザラつく。背中の筋肉が強張る。

デモ行進を前にした景気づけなのだろう。青白ボーダーの囚人服を着せられた〝人形〟が、参加者の前に引きずり出された。

2012年8月10日、李明博《イミョンバク》は韓国の現職大統領として竹島に上陸した。以来、〝反日の象徴〟として、保守系団体の格好の標的となっている。

公園の地面に横たわった〝李明博人形〟を、参加者一人一人が「えいっ、えいっ」と踏みつけた。男も、女も、中学生も。

ぼんやりと眺めている私に、主催者の青年が話しかけてきた。

「安田さん、今日は盛り上がりますよ」

ああ、そうですか……としか言葉が出てこない。

私は祭りの見物に来たわけではない。「盛り上がり」など期待していない。できることならば避けて通りたい。見たくない。抗議の対象が何であれ、憎悪で結びついた隊列など、視界に入るだけで気分が悪くなる。

「このくらいやらんとね。ガンガン言わな、あかんのですよ。これまで日本人は優しすぎたんですから」

醜悪極まりないパフォーマンスを先導しながら、彼の口調は穏やかだった。まるで学芸員が絵画の説明をするかのような冷静な口調で、デモ隊の通過コースから参加者の顔ぶれまで、事細かに教えてくれる。

茶色のカジュアルスーツに身を包んだ彼は、「24歳の会社経営者」だと名乗った。後にそれが嘘だとわかるまで、しばらく私は彼の言葉を信じていた。24歳にしては幼い表情だな、と思わないわけではなかったが。

14時。いよいよデモの開始だ。

「みなさん、チョンコ（朝鮮人に対する蔑称）と言っても差別じゃないですからね。あいつら人類じゃありませんから！」

そんな〝決意表明〟が叫ばれた後、参加者が街頭に躍り出た。

「不逞鮮人殲滅」「日韓断交」などと記されたプラカードが掲げられる。

先頭集団の男性が大型の拡声器からコールした。

「クソチョンコどもを八つ裂きにして、家を焼き払うぞ！」

「焼き払うぞ！」

「一匹残らずチョンコどもを、追い込んでやるぞ！」

「追い込んでやるぞ！」

「薄汚い朝鮮半島を、焼き払え！」

「焼き払え！」

下劣な罵声を飛ばしながら、参加者は拳を突き上げる。

日の丸が揺れる。旭日旗が上下する。憎悪が路上で弾け散った。

▼「ずっと攻撃されてたやん」

私は隊列と少しばかり距離を置きながら、同じスピードで歩く。

デモ隊が住宅街を抜けて大通りに差しかかったとき、旧知のライター・李信恵《リシネ》が私のもとに駆け寄ってきた。

「ねえ、一緒についていってもいい？　一人で取材すると、なんか怖いし、なにされるかわからないし」

彼女は脅えた表情を見せていた。

当然だろう。「八つ裂きにする」とまで言われて、在日コリアンである彼女が平常心でいられるわけがない。

天王寺から鶴橋へと向かうデモ行進のルートは、彼女のホームタウンだ。たくさんの在日コリアンが、この場所で生まれ、この場所で暮らしている。彼女もまた、ここの路地裏を駆け抜けて大人になった。その町がいま、デモ隊によって汚されている。だからこそライターとして、そして在日コリアンの一人として、彼女は目を背けることができなかったのだと思う。脅えながらも「記録」することは、彼女の義務でもあった。

「在日ライター」である彼女は、デモ隊の面々にとっては格好の標的だった。毎日のようにネット上で中傷を受けている。「日本から出ていけ」「死ね」といった言葉がぶつけられるのは、彼女にとっての「日常」だった。

私からけっして離れないよう、彼女に告げた。

そして背後で小さくなっている李信恵を意識しながら、私はデモ隊を追った。

その日のデモは私が知り得る限り、最悪といってもよいものだった。

デモ隊は聞くに堪えないシュプレヒコールを繰り返しながら、日本有数の在日コリアン集住地域を行進した。

「朝鮮人死ね」

「殺せ、殺せ」

「ゴキブリ朝鮮人を叩き出せ」

「朝鮮人は二足歩行するな」

「朝鮮人は呼吸するな。酸素がもったいない」

「コリアンタウンを殺菌するぞ」

「朝鮮人は生きているだけで公害だ」

小学生でも、ここまで下劣な言葉を口にすることはないだろう。それを情も理もわきまえたはずの大人たちが、嬉々とした表情で叫びながら、街頭を練り歩くのだ。

隊列から発せられる言葉をメモに収めながら、それでもずっと気になっていたのは、私の背中に隠れるようにして後をついてくる李信恵のことだった。

私はときおり後ろを振り返る。彼女はずっとうつむいていた。普段はいかにも〝ナニワの姐御《あねご》〟風の豪胆な雰囲気をまとっているのに、そのときばかりは猛獣に睨まれた小動物のように、小さく肩を震わせていた。デモ隊を正視することができずにいるのだろう。視線を自分の足もとに落としたままだった。

それでいい、と私は思った。連中に顔を見せてはいけない。見られてはいけない。名指しで非難されることだけは避けなければならない——。私は李信恵の存在を隠すように、全身でガードした。そう、私は彼女を〝守った〟つもりになっていた。

1時間ばかりのデモ行進だった。ゴールである鶴橋駅にたどり着いて、私は相変わらずうつむいたままの李信恵に声をかけた。

「これで終わったよ」

李信恵は無言のままだ。

「まあ、よかったね、名指しで攻撃されること、なかったもんね」

今にして思えば、私はなぜ、そんなことを口にしたのかわからない。ただ、彼女を直接に中傷する言葉が、デモ隊から飛び出さなかったことに安堵したのは事実だった。うつむいたままの彼女を少しでも元気づけたい、という気持ちもあった。

だからもう一度、私は言った。

「個人攻撃されなくて、本当によかったよ」

その瞬間、彼女が顔を上げた。表情が強張っていた。かっと見開いた瞳の奥に、怒りと悲しみの色が見てとれた。

「なんで……」

かすれた声が返ってきた。

「なんで……よかったの？　なにが……よかったの？」

李信恵は私を睨みつけながら、なにか必死に言葉を探しているようだった。

私はどう反応してよいのかわからず、ただ黙って彼女の表情を見ているしかなかった。

彼女の眼に涙があふれている。唇が小刻みに震えている。

堪えきれなくなったのだろう。彼女は泣きじゃくった。涙声のまま、彼女は私に激しく詰め寄った。

「私、ずっと攻撃されてたやん。『死ね』って言われてた。『殺してやる』って言われてた。『朝鮮人は追い出せ』って言われてた。あれ、全部、私のことやんか。私、ずっと攻撃されてた！　いいことなんて、少しもなかった！」

私をなじり、地団駄を踏み、泣き崩れた。

言葉がなかった。いや、返すべき言葉など私は持っていなかった。ただ茫然と彼女を見つめることしかできなかった。

彼女の言うとおりだった。

彼女がデモ隊から名指しで攻撃されたかどうか、そんなことはどうでもよかったのだ。「死ね」と恫喝《どうかつ》されたのは、彼女だった。「殺してやる」と脅されたのは彼女だった。在日コリアンの李信恵はデモの間、ずっと、攻撃され続けてきたのだ。

私はそのとき、ヘイトスピーチの「怖さ」をあらためて思い知った。

私は、この日のデモがたまらなく不快だった。憤りも感じた。

だが「朝鮮人を殺せ」と言われても、日本人である私は本当の意味で傷ついてはいない。しかし、当事者である李信恵は違った。徹頭徹尾、傷つけられていた。彼女だけではない。その場所にいたすべての在日コリアンは、ずっと、突き刺すような痛みを感じていた。

それがヘイトスピーチの「怖さ」だ。

自分ではどうすることもできない属性が中傷、揶揄《やゆ》、攻撃されているのだ。どんなに努力しても変えることのできない属性に、恫喝が加えられているのだ。

ヘイトスピーチは単なる罵声とは違う。もちろん言論の一形態でもない。一般的には「憎悪表現」と訳されることも多いが、それもどこか違うように感じられてならない。

憎悪と悪意を持って差別と排除を扇動し、人間を徹底的に傷つけるものである。言論ではなく、迫害である。

言葉の暴力――ではない。これは「暴力」そのものだ、と。人間の心にナイフを突き立て、深く抉るようなものだ。

泣きじゃくる李信恵を目にしたときから、私はそう確信した。

いま、日本社会には、ヘイトスピーチがあふれている。路上で、ネットで、あるいは書物やテレビのなかに。

許しがたいのは、話者の多くに「加害」の自覚がまったくないことだ。

だからこそ「被害」が拡散される。泣き崩れ、傷つく人が量産される。

前述した国連の人種差別撤廃委員会は、対日審査が行われてから8日後の8月29日、「最終所見」なる日本向けの勧告を発表した。

そこでは日本政府に対し「人種主義的暴力と憎悪に断固として取り組む」「ヘイトスピーチと闘うための適切な手段をとる」ことを強い調子で求めていた。

これに対してネット上では、「この際、国連など脱退しろ」といった意見も相次いだ。

非現実的なネットの戯言と言ってしまえばそれまでだが、それでも私は、２０１４年の

「パレ・ウィルソンにおける勧告」が、1933年の「パレ・ウィルソンの悲劇」と重なり、なにか暗澹たる気持ちをぬぐい去れなかった。

「差別者集団」を追いかけてきた私は、いまあらためて、ヘイトスピーチの「現場」を振り返ってみようと思う。

私は日本社会がこれ以上、壊れていく様を見たくない。放置したくないのだ。

第１章　暴力の現状

▼「流行」か、「一時的」か？

2013年の暮れ、新語・流行語大賞トップテンに「ヘイトスピーチ」が選ばれた。特定の人種・民族などへの憎悪を煽る行為が〝流行〟とされたことには違和感を覚えざるを得ないが、この年、差別と偏見をむき出しにしたヘイトスピーチが、日常的に路上で飛び交ったことは、まがいもない事実だった。日韓国交断絶や在日コリアンの排斥《はいせき》を訴える〝差別デモ〟は、週末の風景として定着した。

そして不穏な罵声が飛び交う〝差別デモ〟は現在も毎週末、全国各地でおこなわれている。

皮肉なものだ。

数年前、こうしたデモが散発的に行われるようになった際、メディアの多くはこれを無視した。それがいまでは「流行語大賞」にノミネートされるような事象となり、各媒体がこぞって報じている。

一部のバカが騒いでいるだけだから、いずれ消えてなくなるよ、たいした問題じゃないさ——私がデモの存在を認識し、それを追いかけるようになったばかりの頃、多くの記者・編集者たちは冷笑するばかりだった。

「一時的な現象に過ぎない」

そう断言する仲間たちの言葉を、実は私も半分以上は受け入れていた。その通りになればいいと願っていた。

〝差別デモ〟は見ているだけで不愉快だった。「一時的な現象」で終わるのであれば、それに越したことはないと思った。

いや、本音を明かせば、ただ面倒なだけだったのかもしれない。「死ね」「殺せ」「叩き出せ」と叫びまくる集団を取材することに、私は恐怖よりも、汚物に触れるような気持ち悪さを感じていた。どこかの変わり者がパフォーマンスとして跳ねているだけだ。そう解釈して自分自身を納得させることで、私もまた、醜い光景から逃げていた。

だが、この現象は収束の方向を見せることなく、むしろ勢いは増すばかりだった。

▼カルデロン一家追放デモが残した禍根

私が初めてその深刻さを理解したのは、2009年に埼玉県蕨《わらび》市で起きた「カルデロン一家追放デモ」を目にしたときである。

不法滞在を理由に入国管理局から強制送還を迫られていたフィリピン人のカルデロン一家（当時、埼玉県蕨市在住）の問題は、その頃テレビや新聞で連日大きく報道されていた。両親と娘からなる3人家族のカルデロン一家は、中学1年生の娘だけが日本生まれだった。そのため、彼女自身は「友達と離れたくない」と、両親への送還処分撤回を涙ながらに訴えていた。しかし結局、入管当局は両親だけをフィリピンに送還する決定を下した。支援団体などは入管の処置を非人道的な行為であると強く抗議し、メディアの多くも「引き裂かれた家族の悲劇」を報じた。

だが、問題発覚時から一貫して、インターネットの掲示板などでは強制送還を支持する言葉があふれていた。「処分は当然」「お涙頂戴の報道はやめろ」「不法滞在を許すな」といった書き込みが相次いだ。法の順守を訴える形を装いつつ、ネットは排外的な〝気分〟に満ちていた。

こうした「ネット言論」に押される形で、ついに「カルデロン一家追放」を訴える「国民大行進」なるデモが開催されたのである。

同年4月11日土曜日。集まった約200人のデモ隊は「不法滞在者を即時追放せよ」

「犯罪外国人を擁護する左翼やマスコミは出て行け」「カルデロン一家を叩き出せ」と叫びながら、日章旗を担いで市内の住宅地を行進したのだった。

デモのコースには、当事者である娘が通う蕨市立第一中学校前も含まれていた。デモ隊は中学の校門に差し掛かると、わざわざ立ち止まり、「ここが第一中学校です。怒りの声をあげましょう」と叫ぶ先導役に合わせ、「不法滞在者、不法就労のカルデロン一家を、直ちに日本から追放するぞ！」とシュプレヒコールを繰り返したのだ。

この光景を目にしたとき、これが「愛国者」と称する者たちがすることかと、私は怒りで体が震えた。

相手はまだ中学1年生である。彼女には何の罪もない。13歳の少女をターゲットに「叩きだせ」だの「追放」だのと、大声でわめき続ける大人たちが許せなかった。

しかしネット言論においては、この弱い者イジメにも等しいデモを、「よくやった」と賞賛する声が圧倒的だったのである。

しかも、この「カルデロン一家追放デモ」はより大きな禍根を残すこととなる。それは、「至近距離で当事者にダメージを与える」という、差別デモのその後の定石をつくりあげることになったからだ。

以来、ヘイトスピーチが伴うデモや街宣は「保守」や「愛国者」を自称するネットユーザーを抱き込みながら「週末の風景」として定着し、その規模も拡大の一途をたどっていく。

▼プラカードとハーケンクロイツ

こうしたデモにおける〝抗議対象〟は、在日コリアンをはじめとする定住外国人に加え、韓国、北朝鮮、中国などの近隣諸国であることがほとんどだ。

昨今では「すべての外国人を入国禁止に」「ヒトラーを見習え」といったスローガンのもと、ハーケンクロイツを掲げて街頭を練り歩く集団まで現れた。

「これからはナチズムだ」

〝ヒトラー生誕の日〟に合わせ東京・池袋でおこなわれた2014年4月20日のデモでは、「日本とドイツの名誉回復をするぞ」といったシュプレヒコールも飛び交った。

排外主義を煽り、外国人への露骨な差別と偏見を主張するのが、これらデモの特徴である。

毎回、デモ参加者は100名前後。200名を超える規模も珍しくはない。その多くはネット掲示板や保守系ブログなどの告知を見て集まった、もともとは〝ネット右翼〟と呼ばれる者たちだ。下は10代から上は60代と思しき高齢層まで、コワモテ風もいれば、おたく風の若者もいる。女性の数も少なくない。

デモが最も醜悪な形で盛り上がるのは、やはり東京・新大久保、大阪・鶴橋をはじめとする在日コリアン集住地域で開催されるときだ。

この地域でのデモが常態化する契機となったのは、私が知る限り、２００９年末に新大久保でおこなわれた「歳末だよ！防犯キャンペーン　国賊粉砕カーニバルin新宿」なるデモだった。

目の前の「敵」を意識しているからだろうか、大型の拡声器を使って叫ばれるシュプレヒコールは、思わず耳をふさぎたくなるものばかりだ。

「朝鮮人をガス室に送れ！」

「クソチョンコを八つ裂きにして家を焼き払うぞ！」

「朝鮮人はブッサイク！」

「ゴキブリチョンコを日本から追い出せ！」

えげつない言葉を連呼しながら、デモ隊は白昼堂々と街頭を練り歩く。

オウム真理教の〝麻原彰晃マーチ〟の節回しで、「チョンコ、チョンコ、チョコチョコ、チョンコ」と楽しそうに歌いながら歩く一団を見かけたときは、私も思わず吐き気が催してきた。

「お前はチョンだろう！」「悔しいか、チョンコ」などと沿道の人々をからかう一団の姿からは、右翼や保守といった政治的、思想的文脈を汲みとることは難しい。彼ら自身が「カーニバル」と称している通り、どう見ても、ただの鬱憤晴らし、カタルシスの類である。少なくとも、デモによって何かを獲得しようとする真剣な姿勢も、訴えることで社会を変えていこうとする思いも、まったく見ることができない。

デモ参加者が掲げるプラカードもまた同様だ。

たとえば2013年3月の「不逞鮮人追放キャンペーンin新大久保」なるデモにおいては、次のように記されたプラカードが林立し、周辺住民の度肝を抜いた。

「朝鮮人首吊レ毒飲メ飛ビ降リロ」
「良い韓国人も悪い韓国人もどちらも殺せ」
「日本人から土地と財産を奪った末裔死ね」
「朝鮮人ハ皆殺シ」

「朝鮮征伐」

路上には毒々しい文字が躍り、日の丸が翻る。

国旗に対して深い思い入れがあるわけでもない私だが、フザケ半分の楽しげな隊列によって打ち振られる日の丸が、なぜかかわいそうで仕方なかった。

「日の丸が泣いているよ」

デモ現場で苦渋に満ちた表情を浮かべて、そう声を漏らしたのは、新右翼団体・一水会顧問の鈴木邦男だった。

学生時代から40年以上、右翼陣営の中で「愛国運動」に奔走してきた鈴木だが、こうしたデモには嫌悪感しか覚えないという。

「ただの排外主義じゃないですか」

吐き捨てるように、鈴木は言った。

「あの人たちは愛国者を気取っているけれど、むしろ国を冒瀆しているとしか思えない。口汚く罵倒することが愛国と信じているならば、日本にとっても大きな迷惑ですよ」

デモ取材の〝常連〟である私に対しても、ときに容赦なく罵声が向けられる。

「安田！　売国奴！」

「帰れ！」

「つきまとってんじゃねーよ、ストーカー！」

言われ慣れたせいか、いまでは平然とやり過ごす私だが、当初はさすがにカッとなり、下品な応酬を繰り返したこともある。そのたびに、デモを監視している公安担当の私服刑事に身体を押さえつけられた。

「ザマーミロ、安田。オマエなんか逮捕されろ！」

そんな声を浴びながら悔しい思いをしたことも、一度や二度ではない。

とはいえ、私以上に悔しい思いをしているのは、一方的に〝口撃〟されるばかりの在日コリアンや、デモ現場周辺で生活する韓国人たちであろう。

新大久保でのデモを取材している際、韓国料理屋の店先で悲しげな表情を浮かべている若い女性がいた。韓国からの留学生で、週末はその店でアルバイトをしているという。

「この街で、私の知らない日本人を見ることになった」

学校にもアルバイト先にも、露骨に韓国人を罵るような人間はいない。直接知っている日本人は親切で礼儀正しい人ばかりだ、と彼女は言った。

でも――と彼女は暗い声で続ける。

「日曜日になると、汚い言葉で韓国人を罵る人たちがやって来る。まさか〝死ね〟と大声で言われるとは思わなかった。ショックです」

日本のアニメやJ―POPが好きで、来日当初は毎日が楽しくて仕方なかった。なのにいま、この街で〝殺害〟対象とされたことに、気持ちは激しく揺れる。

「日本人の友達は好き。日本も好き。でも、韓国人というだけで攻撃してくる人たちは怖い。このまま日本で暮らすのが不安で仕方ない」

その時だった。デモの隊列から罵声が飛んできた。

「朝鮮人売春婦は帰れ！」

誰に向けて叫ばれたかは、わからない。だが、彼女は思わず目を伏せた。以後、何を聞いても言葉が返ってこない。

口を真一文字に結び、いまにも泣き出しそうな彼女を前にして、私はやりきれないなぁ、という言葉を飲み込むしかなかった。

▼行き場のない住民たち

同じく在日コリアンの集住地域である大阪・鶴橋でも、似たような光景を何度も目にしている。

鶴橋は、西日本最大、いや日本最大のコリアンタウンだ。駅前から伸びる商店街は終戦直後の闇市を発祥とし、多くの在日コリアンが小さな店を営む。迷路のように入り組んだ路地には、キムチや惣菜などの食料品や、チマチョゴリなどの民族服を扱う店が軒を連ねる。

そんな街に、日章旗や旭日旗を手に、デモ隊は現れるのだ。

「おい、チョンコ出てこい」

「文句のあるチョンコは、かかってこい！」

「在日なんて祖国に帰れ！」

「チョンコのくせに厚かましいんだよ！」

デモ隊は、ＪＲ大阪環状線の鶴橋駅を背にして東西に延びる千日前通りをゆっくり通り過ぎる。大型のトラメガ（拡声器）から発せられるその耳障りな音響に耐えきれず、あるとき、私は路地裏に逃げ込んだ。

しかし大音声は容赦なく路地裏をも駆け巡る。逃げ場はなかった。薄暗い路地にヒステリックな声が響き渡る。

やれやれと溜め息をついて前方に目をやれば、そこには韓国食材を扱う商店があった。店の前に丸椅子を並べて、数人の老人たちが腰を下ろしている。

皆が皆、うなだれていた。何かに打ちひしがれたように、背を丸め、膝の上で両手を組み、押し黙っていた。

「チョンコ！　ゴキブリ！」とデモ隊の絶叫が、路地に響きわたる。老人たちは微動だにしなかった。嵐が過ぎ去るのをじっと待っているかのようにも見えた。

そうなのだ。ただじっと、やり過ごすしかないのだ。「出てけ」と言われても他に行く場所などない。ここで生まれ、ここで育った人たちだ。私と違って、耳障りだからと逃げ出すこともできない。

それまで生きてきた時間を否定され、人格を貶められ、「死ね」「殺す」と言われても、ここにとどまるしかないのだ。

いったい、この老人たちに何の責任があるというのだろう……老人たちの丸まった背中を見ていたら、泣きたくなった。

この日のデモを主催していたひとりは、後日、私の取材に対して次のように答えている。

「ちょっと言い過ぎると思えるくらいの言葉で、ちょうどいいんですよ。これまで日本に甘えてきたんだから。朝鮮人にちゃんと伝わるよう、あえて僕らは大声で叫んでいるんです」

彼にしてみれば、ヘイトスピーチというのは「言い過ぎた言葉」程度の認識でしかないのだ。心臓をナイフで抉るような痛みを人間に強いているといった自覚はまるでない。

第2章　発信源はどこか？

▼「嫌韓」の理論家

前章で見たように、差別デモはいまや全国各地で展開されている。では、こうしたデモを主導しているのは、いったい誰なのか。

デモのたびに、あるいは開催地域によって、主催者の名称は変わる。

だが、その多くが「在日特権を許さない市民の会」(以下、在特会)のメンバー、もしくは友好団体によって主催されていることは周知の事実だ。

在特会は、在日コリアンが「日本で不当な利益を得ている」と訴えるネット出自の〝市民団体〟である。「2ちゃんねる」をはじめとするネット掲示板や各種サイトで同志を募り、すでに会員は1万5000人を超えている。全国に36の支部を持ち、いわゆる〝ネット右翼〟、通称〝ネトウヨ〟のシンボリックな存在だ。

デモや街宣だけでなく、ときにはそれ以上に過激な行動も辞さない。

2009年12月、京都朝鮮第一初級学校(日本の小学校に該当する)が近隣の公園を体育の授業などで使用していることを「不法占拠」だとして、メンバーらが同校に押しかけた。

平日の昼間である。校内に授業中の生徒がいるにもかかわらず、「朝鮮人は日本に住まわせてやってる」「キムチくさい」「ウンコでも食っとけ」などと集団で罵声を飛ばし、学校関係者を威嚇《いかく》した。この騒動によってメンバーら4人が威力業務妨害などの容疑で逮捕され、全員が有罪判決を受けている。

さらには、朝鮮学校にカンパしたことを「北朝鮮の手先である」として、2010年4月には徳島県教職員組合の事務所にメンバーらが乱入。「朝鮮の犬」「非国民」「腹を斬れ」などと叫びながら、事務所の業務を妨害した。机上の書類を放り投げたり、トラメガの非常サイレンを鳴らすなど、やりたい放題暴れた彼らもまた、後に逮捕され、やはり全員が有罪判決を受けた。

近年でも、デモの最中に「反レイシズム」グループと小競り合いを起こし、逮捕者を出すことも珍しくない〝市民団体〟だ。

この在特会を長きにわたって率いてきたのは、桜井誠（本名・高田誠、43歳）なる人物だ。在特会の生みの親であり、同時にネット右翼の理論的指導者として、一部からは熱狂的な支持を集めている。過去にはニューヨークタイムズなどの海外メディアが「外国人排斥を訴える日本の新しい右派指導者」として取り上げたこともあった。

福岡県出身の桜井は、県内の高校を卒業後に上京。20代から30代にかけては、警備員や区役所の臨時職員を務めながら、空いた時間を使ってネットに「反韓」「嫌韓」のメッセージを書き込む、地味なネット右翼のひとりに過ぎなかった。

高校時代までの桜井を知る人物によれば、「学校でも目立たないおとなしい人間だった」という。高校生の時に家族と衝突して家出騒ぎを起こし、少しばかり話題となったこともあったが、それ以外の記憶を周囲に与えてはいない。

桜井が高校を卒業するまで住んでいた地域は、九州有数の在日コリアン集住地域に隣接している。近くには朝鮮学校もあった。

桜井はかつて、自らのブログで次のように記している。

〈私がまだ子どもだったころはチョン校（当時は普通に朝鮮学校のことをこう呼んでいました）の生徒が福岡の街で喧嘩はもちろん他校の生徒からカツアゲはするは、日本の学校に殴り込みをかけて新聞沙汰になるは、暴力団組織となんら変わらないことばかりやっていました〉（「Dronpa の独り言」２０１０年8月25日付）

時は１９８０年代後半。この時代、日本人高校生と朝鮮高校生の「喧嘩」が珍しくなかったことは、日本全国で同じだろう。対立の原因として、やはり在日コリアンに対する蔑視が存在していたことは間違いなかろうが、当時の縄張り争い的なヤンキー文化が、無駄に〝抗争〟を煽っていた部分も大きいと思う。

桜井の高校時代の同級生だった男性は、私の取材に対して次のように答えている。

「僕らもよく、朝鮮学校の生徒とは殴り合いの喧嘩をしていましたよ。いま振り返ってみたら本当に馬鹿馬鹿しい。別に憎しみがあったわけじゃない。なんというか、アトラクションみたいなものかな。とにかく『朝高（朝鮮高校のこと）』の生徒とは、目が合ったら喧嘩するものだと決まっていた。

当時の喧嘩相手たちとは、いまでは普通に酒飲んでますよ。もう十分に殴りあったし、同じ地元で生きてるんだから、争う理由なんて何もない。最近の朝高は進学校みたいな雰囲気で情けない、なんて話を笑いながらしてます」

ちなみに当時の「乱闘」の場面で、桜井の姿を見かけたことは一度もなかったという。

別の同級生は、桜井が「朝鮮人は汚物だ！　蛆虫だ！」と叫ぶ姿をネットの動画サイトで目にし、「人間はここまで変わることができるのか、とあらためて思った」とため息を漏らしながら私に話した。

「無口でおとなしかった」若い頃の桜井が、在日コリアンに対してどのような視線を抱えていたのかは知る由がない。だが、歳月は人間をいかようにも変える。1997年に上京した桜井はその後、嫌韓の「理論家」としての頭角を現し、ネット上のカリスマと持ち上げられることになる。

▼在特会の誕生

桜井と、彼のシンパによって在特会が結成されたのは、2007年のことだ。発足当初の会員数は約500名。この8年間で会員数は30倍にも増えたのだから、急成長といってもよいだろう。

同年1月20日。東京・江戸川区の東部フレンドホールで、在特会の「第1回総会」が開催された。事実上の設立集会である。約100名の来場者を前にして、左胸にバラの造花をつけたスーツ姿の桜井は壇上からブチあげた。

「在日の青年人口の10人に1人がヤクザだという報告もある。いったい、どんな民族なんですか。こういう人間を野放しにしてきたんですよ、我々は。そのうえ生活保護まで支給している。考えてほしい。いま、生活保護を受けることができずに、どれだけの日本人がクビを吊って死んでいるのか。我々の血と汗と涙でもある税金が、外国人に使われてしまっていいのか！」

会場からは「よくない！」「その通りだ！」と声が飛んだ。

聴衆を煽り、その反応を確かめながら、ときに早口でまくしたてる緩急自在の話法は、なかなか堂に入っている。

実は、在特会のある幹部が、こっそり打ち明けた話がある。桜井は自分の演説を効果的に見せるための研鑽《けんさん》を欠かさないというのだ。

「会長の自宅には大きな姿見があるそうなのですが、その前に立って、指先の動きまでを確認しながら、毎晩のようにアジテーションの練習をしているのだと話していました。練習の成果もあってか、演説の上手さは、やはり在特会ナンバー1です」

地味で目立たないネット右翼に過ぎなかった彼は、姿見の前に立ち、腕を振り上げ、孤独な戦いを積み重ねて、「桜井誠」なるキャラクターをつくりあげたのだろう。

設立総会を終えた直後、桜井は自身のブログで次のように〝決意〟を記した。

〈在日特権の廃止を目指して、在特会では取れる限りのあらゆる方策をもって在日問題を世に訴えかけていきます。ネットの世界では周知のことも、残念ながらまだまだ世間一般に浸透しているとは言いがたい状況です。日韓の関わりたる歴史問題から説き起こし、在日特権とは何か？　在日になぜこのような特権を与えたのか？　犯罪まみれ、不正まみれ、反日まみれの不逞在日の実態を分かり易く解説し、様々な活動を経て社会に伝えていきます〉（2007年1月26日付）

演説同様に居心地の悪い言葉が並ぶ。しかしそれは、憎悪というエネルギーを導き出すための最も効果的な燃料であった。

その桜井と、私は何度か言葉を交わしたことがある。在特会の取材を始めたばかりの頃は、まだ冷静な人柄をのぞかせていたが、その後、私が同会を批判する記事を雑誌などで発表するようになると、それまでとは一転、逆上するようになった。

講演で「私は安田に殺されるかもしれない」と大げさに訴えたかと思えば、「いまこそ〝一人一殺〟の覚悟が必要です！」と周囲を煽ることもあった。さらに「安田の取材を受けるな」と会員に通知もしている。

何度も取材を申し込んだが梨の礫《つぶて》なので、直接、彼の講演会に足を運んだこともある。講演が始まる直前に、私は桜井を見つけ出して声をかけた。だが、彼は私の顔を見るなり激昂した。

「出て行ってくれ！　あなた、私の親族まで取材しただろう！　そんな人間の取材など受けるわけがない！」

桜井は早口でまくしたてると、周囲の取り巻きに「これ、叩き出して！」と命じた。

たちまち私は複数の会員に取り囲まれ、「不退去罪だ」「警察に通報するぞ」などと威嚇されながら、その場から排除された。

卑怯な人間だと思った。日ごろから「覚悟を持て」と会員にけしかけている桜井自身が、自らの手で私を排除すべきであった。

しかし、その後もデモ現場などにおいて桜井の姿や言動を見聞きしているなかで、少しずつ彼が抱える〝恐怖〟を理解できるようになった。

桜井は、自身がつくりあげた世界を壊されたくないのだろう。彼にとって、在特会こそがすべてである。朝から晩までツイッターやブログで在日コリアンに対して呪詛の言葉を吐き続け、週末のデモでハネまくる——他者を差別し、見下し、憎悪をばらまくのは、彼にとって他に生きる道がないからではないだろうか。

少なくともそうすることで、彼は自身にとって大事なものを獲得している。世界観と、そして、仲間たちだ。

▼「仲間ができて楽しかった」

その仲間の多くは、ネットによって動員される。

「動画サイトで在特会の活動を知って入会した」

「ネット掲示板やブログで在特会の存在を知った」

そうした答えがほとんどであるように、ネットは在特会にとっての〝資源〟である。いや、撒き餌といってもよいだろう。

通常の社会運動には欠かすことのできない「オルグ」という行為は、在特会には存在しない。あくまでもネットを媒介にすることで、それまで分断されていた個が連帯していく。けっしてリアルな人間関係から生み出されるものではない。

だから何度もデモで顔を合わせている会員同士が、互いの住所どころか本名すら知らないことも少なくない。それぞれをハンドルネームで呼び合う光景を、私は何度も目にしている。

――会員にはどんな人が集まるのか？

そう聞かれるたびに、私は「そのへんにいる人たちですよ」と答えている。実際、そうなのだ。中学生や高校生もいれば、サラリーマンも主婦も年金生活者もいる。外形上は雑多で多様な人々だ。

大資本がカネで雇った者たちではないし、保守政党の院外団でもない（ときにその役割を勝手に担うこともあるが）。その意味においては、完全な草の根組織であることは確かだ。私が知る限り、運営に必要な資金はすべて会員や支持者のカンパによって賄われている。ネットで「愛国と危機感」に目覚め、「敵の存在を知った」者たちが隊列に加わっているのだ。

「周囲の無関心が許せない。このままの日本でよいと思っているんですか？」

こう私に詰めよったのは、同会北海道支部に所属する30代の女性会員だった。

彼女は苛ついていた。世の中は「左翼ばかり」だと思っている。

「友人も両親も危機感がまるでない。政治の話をしてもわかってもらえない」

両親には思い切って、在特会に入会したことを伝えた。理解してほしくて同会のホームページも見せた。しかし、両親は賛同するどころか嫌悪を示した。

「ウチの親は頭が固いから既存のメディアしか信用しないんですよ。在特会を、まるで怪しい宗教団体のようなものだと決めつけるんです」

だから在特会の活動をしている時だけは、「ありのままの自分」でいることができるのだ。

一部の会員にとっては、何の利害関係もないこのグループが、ある種の「居場所」となっていることもある。

「仲間ができて楽しかった」

私にそう打ち明けたのは20代の男性会員だ。

彼もまた、ネットの情報によって韓国や在日コリアンに敵意を持つようになったが、それを古くからの友人にも、同僚にも、そして家族にも話すことはなかった。その激しいまでの敵愾心《てきがいしん》を、身近な人間と共有できるとは思わなかったからだ。

だから在特会に入り、デモや集会の現場で多くの仲間と交流を重ねるなかで、ようやく「安心できた」という。

「在日なんて一掃しちまえばいいんだ」——そう話したところで、咎《とが》める者など誰もいない。思いはみんな一緒だ。遠慮する必要がない。

私は何度か、デモを終えたあと、会員たちが連れだって居酒屋で打ち上げを楽しむ姿を見たことがある。活動後の飲み会は定例行事だ。「顔バレ」する以前は、客を装って隣のテーブルで宴会を観察したこともあった。

楽しそうだった。ときにレイシズム丸出しの軽口が飛び出すところは異様ではあるが、常に話題が政治的なものであるわけではない。ときに趣味の話や下ネタで盛り上がる彼ら彼女らの姿は、どこにでもある若者グループの飲み会で見られる光景そのものだった。

要するに、ネットで知り合った者同士が集う「オフ会」である。

「それでいいんですよ」と告げたのは、在特会北海道支部の中心的活動家・藤田正樹だった。彼は札幌でデザイン関係の会社を経営している。

「ネットの力は大きいですよ。それがなければ不満や危機意識を持つ者たちを結びつけることはできなかった。お手軽すぎるという批判も耳にしますが、それのどこが悪いのでしょう。入り口は、広ければ広いほど良い。そして我々はけっしてネットの世界だけに安住しているわけではない。実際、街頭に出て訴え続けているんです。大事なのは『手段』ではなく、何をしているのか、何を『目的』としているのか、ということだと思いますよ」

運動論としては間違っていないだろう。ただし、在特会は手段はもとより、その「目的」こそが間違っているのだが。

さらに付け加えれば、まったく宗教色がないにもかかわらず、カルト教団のような狂信的な雰囲気を感じることも少なくない。後述するような妄想やデマに乗りやすい会員特有の体質もさることながら、デモや街宣の際に見られる高揚感や連帯感も、カルトのそれに酷似している。

▼「在日特権」とは何か

在特会が発行する「あなたは『在日特権』をご存知ですか？」と題された広報ビラには、在日コリアンにはいくつかの特権があると指摘している。

では、その「在日の特権」とは、いったい何なのだろうか。ビラでは、次の4点を挙げている。

①特別永住資格

「平和条約国籍離脱者等入管特例法」によって認められた資格である。もちろん、他の外国人にはこのような資格は与えられておらず、在日韓国・朝鮮人を対象に与えられた特権といえる。紛れもない外国人でありながら、日本人とほぼ変わらぬ生活が保障されている。

②朝鮮学校補助金交付

朝鮮学校は教育法第一条の定める学校ではないため「各種学校」として扱われるにも関わらず、各地方自治体からの支援（助成金や補助金）を受けている。文部省の定める学習指導要領を無視した民族教育という名の反日教育を行いながら、一条校と同等の権利を得ようと積極的な活動を行っている。

③生活保護優遇

生活保護とは困窮する「国民」に対し最低限度の生活を保障する制度である。しかし、日本では在日外国人にも生活保護が適用され「国民の保護」がおざなりにされている。特に、在日韓国・朝鮮人への給付率が異常なほど高く、平成16年度の統計では、外国人生活保護者数の約70％が在日という結果が厚生労働省から発表されている。

④通名制度

建前上は在日朝鮮人以外の外国人にも適用されている制度ではあるが、実質的にこの制度を使っているのは在日韓国・朝鮮人が大多数である。犯罪を犯しても「通名報道」によって本名が隠されている場合が多い為、まさに犯罪を助長させている制度に他ならない。

以上４点をみて、これが憎悪すべき「特権」なのか、と拍子抜けする人も少なくないだろう。

特権とは、文字通り「特別な者に与えられた優越的な権利」のことである。

在特会が掲げる「特権」には、在日コリアンの優越的な地位を保障するものなどどこにもなく、いずれも補助的・救済的な権利にとどまっている。少なくとも私には、そこに羨《うらや》むべき権利など見いだせない。いったい日本人よりも優遇されている権利とは何なのか。むしろ、こうした権利が存在することじたいが、在日コリアンの不安定な立ち位置を浮かび上がらせている。

わが国には現在、約56万人の在日コリアンが生活しているが、日本人との通婚や帰化の増加によって、その数は減少傾向にある。民族学校に通う者も激減し、学校運営すら難しくなっているのが実情だ。日本人・日本社会との同化が進み、いずれ在日は消えてなくなるのではないかと危惧する声すら聞こえてくる。

たとえば、ある朝鮮総連関係者は次のように嘆く。

「総連の専従職員の給与遅配が常態化している地域もある。朝鮮学校に至っては、教師のほとんどが20代の独身です。家族を養うに必要なだけの給与が支給されていないからです。同胞コミュニティだけで生活を成り立たせるには、もはや同胞の数が足りないんです」

在特会が主張する「特権」とやらを放棄する人間が相次いでいるためだ。

こうした現実と照らし合わせてみると、「（朝鮮人を）叩きだせ」と声高に叫ぶ理由は、ますますわからない。羨むべき「在日特権」を手放す人がなぜ増えているのか、説明がつくだろうか。やや乱暴な表現を使えば、在日コリアンは、たかだか50万人程度のマイノリティである。在日の立場を想像すれば、1億2000万人の日本人というボリュームこそ、時に恐怖に感じるのではないだろうか。「圧倒的多数者と少数者」という構図の中で、どのような優越的権利を行使できたのだろうか。

在特会員の多くは「特権」が許せないのではなく、外国籍住民が日本人と同等の生活をしていることじたいが許せないのである――これが、在特会を長年取材してきた者として導き出した〝結論〟である。「在日特権」などというものは、彼らがあとから〝発見〟した理由付けにすぎない。

『「在日特権」の虚構』（河出書房新社）を書いたフリー編集者の野間易通《やすみち》は、同書の中で「在日特権というものには実体がない」としたうえで、次のように喝破している。

〈ほとんどが事実無根のデマゴギーか、あるいは事実の断片をつなぎあわせて存在しない事実にフレームアップするといったかたちでの、在日コリアン社会に対するネガティブ・

キャンペーンでしかないのだ〉

▼閉塞感が産み落とした鬼っ子

だがその一方で、「在日特権」を糾弾対象に掲げ、組織の裾野を広げた在特会の〝手法〟には感嘆せざるを得ない部分があることも、また事実だろう。

戦後長らく、在日コリアンは〝犠牲者〟〝弱者〟〝被害者〟と日本社会の一部で位置づけられてきた。朝鮮半島を植民地化し、戦争に巻き込んだことへの贖罪意識から、日本人の側でときに過剰な遠慮が働いたことも事実だろう。そこにある種の〝在日タブー〟が生まれたことも、否定はしない。

そこを在特会は衝いたのだ。在日が必要以上に「守られている」と喧伝し、日本人が「貶められている」と訴えた。それが、「外国人のくせに福祉にタダ乗りしている」といったフリーライド論を形成するまでに至った。過去の歴史への責任として、わが国が在日に対して設けた補助的権利を「特権」だとして槍玉に挙げたのだ。

経済成長に陰りが見え、格差社会が到来した。閉塞感に満ちた時代にあって、こうした「特権」は負のエネルギーが向けられる対象として、さぞ魅力的に映ったことだろう。彼らにすれば、在日コリアンが時に差別や侮蔑の対象とされてきたことなど、どうでもいいことだった。なかでも「社会から守られていない」と感じる一部の日本人にとって、在日コリアンに与えられた補助的な権利は「手厚い庇護」に見えたこともあっただろう。彼らにとって在日とは、既得権益に守られた特別な存在に映ったのだ。

しかし、在特会などが声高に叫ぶ「特権」は、日本人が羨むほどのものではない（そのほとんどは、日本人が当たり前のように行使しているものだ）。

それだけではない。

たとえばネット上には荒唐無稽、妄想ともいえる「在日特権の内実」が流通している。代表的なものを挙げれば、次のようなものだ。

- 在日は税金が免除されている
- 在日は水光熱費が免除されている
- 在日は特権にあぐらをかき、犯罪ばかりを犯している
- 凶悪犯罪のほとんどは在日によるものだ
- パチンコ屋が持っている土地は、日本人を追い出して不法に入手したものである
- 生活保護受給者の8割は在日だ

――こうした主張を大真面目にし、在日攻撃の輪に加わる手合いは少なくない。

「マスコミは在日を優先的に雇用しているんでしょ?」

ある在特会幹部からは、こう大真面目に詰問されたことがあった。

その幹部によれば、新聞、テレビ、出版社、広告代理店には「在日枠」なる採用枠があり、そのために「歪んだ報道」が繰り返されている、というのだ。

あまりの馬鹿馬鹿しさに返す言葉も失ってしまったが、それを私の「急所」と勘違いした彼は、「在日にコントロールされたメディアは真実など報道できるわけがない」と勝ち誇ったように告げたのだった。

また、別の幹部は、たまたま地元のスーパーで見かけた外国人向けの「免税」の看板に反応し、これが「在日特権」だとツイッターに書き込んで赤っ恥をかいたこともある。

彼は「免税店は空港だけにあるもの」と思い込んでいたらしい。だからこそスーパーの店内でハングル文字と英語で記された「免税」看板を目にした瞬間、即座に「特権」糾弾へと向かうことになったのだ。

無知、稚拙と笑うことはできる。実際、ネット上ではこの幹部氏のバカっぷりを嘲笑う反応が多かった。

当然だ。私も大笑いした。しかし、しばらくして怖くなった。この程度の知識しか持たない者が、在特会の幹部として差別を扇動しているのだ。他者の存在を否定し、その生存まで脅かしているのだ。

単なる無知で済ませるわけにはいかない。

事実、幹部氏のツイッターを目にし、あらためて「在日特権」の存在に気が付かされたと反応した者だっているのだ。

そこから「殺せ」「死ね」と絶叫するまでには、さほどの隔たりはない。

▼捻じ曲がった「階級闘争」

しかし、なぜにそこまで在日に対して憎悪を抱くのか――。

在特会の広報局長である米田隆司（51歳）に訊ねたことがある。2010年のことだ。いまでは私のことを「反日」「三流ジャーナリスト」などと口汚く罵り、在特会への「出入り禁止」を宣言している米田も、その頃はまだ取材に応じてくれるだけの余裕はあった（私が同会批判の記事をまだ発表していなかったこともある）。

東京・秋葉原の雑居ビルにある同会事務所で、米田と向き合った。

小さな出版社で働いている米田は、それなりに理知と礼儀をもって私に接してくれたが、その口から漏れる言葉は在日への憎悪に満ち満ちており、私を混乱させるばかりだった。

「権利ばかりを主張して、日本人の生活を脅かす」

それが在日なのだと米田は力説した。

「払うべき税金を払って、用が済んだら帰っていただく。それが（外国人としての）普遍的なマナーというものでしょう」

米田にとって「定住外国人」という存在に対する認識はなかった。いまある自分の生活の一部が、外国人の納税や社会貢献によって成立しているといった認識もない。

韓国人や中国人が嫌いだから「朝鮮料理も中華料理も外では食べない」と豪語する米田は、筋金入りのレイシストだ。

だが、彼の言葉に切実さを感じとることはできなかった。経験に基づいたヒリヒリするような痛みではなく、「ネットの情報で本当のことを知った」と話す米田の思考は、現実感覚に乏しかった。

「貧困で苦しむ日本人が年間に3万人も自殺しているんですよ。しかし在日が自殺したって話など、聞いたことがない。特権を享受しているからですよ」

それは米田が「聞いたことがない」だけであって、事実を言い当てたものではないだろう。だが、彼にとって在日への憎悪を抱くには、そんな不正確な情報だけでも構わなかった。

結局、世の中に存在する納得しがたい不可解な真実、いわば〝ブラックボックス〟を紐解くカギとして、「在日」という存在が都合よく利用されているだけにすぎない。さらにいえば「在日特権」ほど便利な道具はない。憤りも、不安も、不満も、その原因の矛先を「在日特権」に向けてしまうことで、なにかが「わかったような」気になってしまうのだ。

米田は自分たちの運動を「一種の階級闘争であり、エリート批判でもある」と述べた。額面通りに受け取ってはいないし、米田自身がどこまで「階級闘争」を理解しているのかも不明だ。だが、言わんとすることはわかる。つまり米田らは、少なくとも自分たちが世の中のメインストリームにいないことは自覚しているのだ。

本来、見下すべき存在だった在日が、いつのまにか「特権」を享受し、我が物顔に振る舞い、福祉にタダ乗りしている。しかも、それを行政やマスコミが黙認、庇護しているではないか。

そうした思考から導き出されたのは、様々な権利が奪われてゆく「〝被害者〟としての自分」という認識なのである。捻じ曲がった「階級闘争」は、そこから生まれる。

ドイツ系米国人の哲学者エリック・ホッファーは著書『大衆運動』（紀伊國屋書店）においてい次のように述べている。

〈憎悪は、空虚な人生に意味と目的とを与えることができる〉

〈われわれを駆り立てるのは、主として非理性的な憎悪であり、（略）この種の憎悪がもっとも効果的で有用なのである〉

在特会的な現象を、ホッファーがすべて言い当てているとは思わないが、彼らは「効果的で有用」であることは知っていた。だが私がこれまでに接してきた在特会員たちは、その多くが「目的」よりも「手段」に重きを置いていたことは間違いない。

デモで叫ぶこと。発散すること。仲間を得ること。闘っている自分を英雄視すること。それ自体が、彼らにとっての「愛国運動」なのだ。呪いの言葉を吐き続けることで、彼らは彼らなりの地平を獲得しているのである。

ヤツは敵だ、敵は吊るせ――。

突き詰めてみれば、そういうことである。

こうして「愛国者」を自称する者たちによって、魔女狩りにも似た「国民運動」が盛り上がっていく。綿密な分析を回避し、ネット上の一部の文言を誇大にとらえて安易なレッテルを貼り、他者を攻撃、揶揄、中傷することは、ときに不健康な娯楽ともなり得る。

「日の丸を手にして街頭で『朝鮮人は出ていけ』と叫んだ時、なんていうか、ものすごく誇らしい気持ちになったんですよ」

いまは在特会を辞めた元会員の男性は、そのように述懐した。

「すっきりした、と言った方が正確かな。何かをやり遂げたような、あるいは敵に打ち勝ったような気分になりました」

それでも高揚は長く続かず、彼は1年もしないうちに「バカらしくなって」退会している。

それはそれで悪くない選択だ。ごくたまに現役の在特会員から「このまま続けていてもいいのか」といった相談事を受けるが、私は即座に「辞めるべきだ」と答えてきた。差別と偏見を煽るような運動など、人生の無駄だ。社会のためにも、良いことなどひとつもない。

だが、退会した彼もまた、いまだ見えていないものがあった。

謂われなき憎悪を受け続けてきた側の「痛み」である。

カタルシスや娯楽のためにマイノリティが存在するのではない。ヘイトスピーチを全身に浴びてきた人間が、そう簡単に「痛み」から解放されるわけがないのだ。

何度でも言う。ヘイトスピーチは暴力そのものだ。生身の人間を傷つける。そして、人を抱える社会そのものを傷つける。

だからこそ害悪なのだ。

第3章　「憎悪表現」でいいのか?

▼「右翼は差別などしない」

いまでこそ広く使われるようになった「ヘイトスピーチ」なる言葉だが、じつは日本に定着してから、さほどの時間は経過していない。新聞各紙の報道を確認しても、2012年までにこの文言が使われることはほとんどなかった。

今日のように日常的に使われるようになったきっかけは、2013年になって、街頭での差別デモが過激化したことだった。同年末に「流行語大賞」にノミネートされるまでに広がろうとは、以前から取材していた私でさえ予想できなかったことだ。

一般記事において初めて「ヘイトスピーチ」の文字が用いられたのは、おそらく2013年3月16日の「朝日新聞」朝刊である。1面トップには「首相、TPP交渉参加表明」の大見出しが躍るなか、社会部記者（当時）の石橋英昭によって書かれた記事は第3社会面に7段で組まれていた。

「『殺せ』連呼するデモ横行　言論の自由か、規制の対象か」と見出しのついた記事は、在特会などによるデモが活発化したことを伝えると同時に、参議院会館で開催された差別デモ抗議集会の様子を報じるものだった。

その頃、石橋は毎週末のようにデモ現場に駆けつけ、熱心に在特会を追っていた。カメラを首からぶら下げ、警備の機動隊にもみくちゃにされながら隊列に迫ろうとする石橋の姿を、私は何度も目にしている。

もともと差別問題に詳しく、在日コリアンへの取材経験も豊富な石橋が、記事の中で「ヘイトスピーチ」という言葉を用いたのは必然ともいえる。

石橋はヘイトスピーチを「人種や宗教など、ある属性を有する集団に対し、おとしめたり暴力や差別をあおったりする侮辱的表現を行うこと」だと定義づけたうえで、ドイツなどでは刑法の「民衆扇動罪」で厳しく取り締まられていると書いた。

ちなみに記事中に出てくる、３月14日に開催された「抗議集会」には、私も報告者のひとりとして参加した。集会主催者の一人で、国会議員ではただひとり、差別デモの調査を進めていた有田芳生《よしふ》に誘われたからである。他にも一水会の最高顧問である鈴木邦男、同代表の木村三浩、龍谷大学法科大学院教授の金尚均《キムサンギュン》、弁護士の上瀧浩子、作家の森達也などが顔をそろえた。

発言を促された私は、在特会について次のように述べた。

「彼らは右翼でも民族派でも保守でもない。ただの差別主義者、排外主義者だ。そうはっきりと断罪するしかない」

それは私の本音だった。

私は、保守や右翼の考え方に必ずしも同調するものではない。しかし保守には保守の、右翼には右翼の文脈があることは理解している。人間の理性を懐疑し、風雪に耐えて生き延びてきた伝統や文化、歴史に身を委ねる、その生き方に対しては一定の敬意を持っている。

だが在特会には、そうした〝たたずまい〟を見いだすことはできない。歴史に対する畏敬の念など感じさせることはなく、特定の民族・人種に対し、ネットでかき集めた妄想混じりの「特権批判」をぶつけ、彼らを貶める発言をまき散らしているだけだ。

しかも在特会に限って言えば、「市民の会」を名乗りながら、現実的な解決を求めていく運動はほとんどしていない。殺戮、殺害の教唆を繰り返すばかりで、むき出しの憎悪をぶつけることじたいが娯楽化しているようにも見える。ハエ叩きを振り回しながら差別的言辞をまき散らしヘラヘラ笑いながらデモ行進している者に、どんな真剣さがあるというのだろうか。

実際、私が知っている右翼関係者の多くは、在特会などの運動スタイルを冷ややかに見ている。たとえば木村三浩もこの集会で「排外デモに参加している者は右翼ではない」と言い切ったうえで、こう彼は続けた。

「右翼は差別などしない。権力に対して闘うのが本当の右翼だ」

いや、国家権力と癒着した右翼などいくらでもいるではないか、といった気持ちもなくはないが、それでも「反米・自主独立」の旗を掲げて闘ってきた木村にすれば、「排外デモ」の参加者など、ただのお調子者にしか見えないのであろう。

ところで、この抗議集会はひとつのエポックでもあった。

永田町のど真ん中において、初めて「ヘイトスピーチ」という言葉が飛び交い、頻発していた差別デモの実態が国会議員やメディアなどに広く知れ渡ったのである。

これを契機に、ヘイトスピーチ関係の報道が急増した。国内外の主要メディアがそろって差別デモを報じるようになり、私もコメントを求められることが多くなった。

やはり永田町が関わると、ここまで報道が〝乗り気〟になるものかと感心した。

▼ネット右翼の源流

私が差別デモなどの取材を始めたのは2007年からである。当時からネット掲示板などで動員された者たちによる「嫌韓・反中」のデモや集会は繰り返されていた。だが、多くのメディアはそうした動きを無視した。取材に出向く記者もいなくはなかったが、記事にはほとんどならなかった。ニュース価値がない、と各社が判断したからである。

生身の〝ネット右翼〟の姿を初めて見たのも、この年のことだった。

在日外国人をめぐる諸問題について取材していた私は、オーバーステイ（超過滞在）の中国人労働者が栃木県警の警察官に発砲されて死亡した事件を追いかけていた。

過酷な労働現場から逃げ出した中国人が、栃木県西方町《にしかたまち》（現在の栃木市）で警察官の職務質問を受けた。定められた在留期間を過ぎていた中国人はその場から逃走を図るが、警察官に追いつかれてもみあいとなる。危険を感じた警察官は、威嚇射撃することなく拳銃を中国人に向けて発砲し、腹部に被弾した中国人は搬送先の病院で死亡した、という事件だった。

中国人の遺族は、警察官を特別公務員暴行陵虐致死罪で告訴したが、その裁判（第一回公判）が宇都宮地裁でおこなわれた2007年11月29日のことである。

開廷前に裁判所内で知人と雑談をしていると、どうも外が騒がしい。何があったのかと職員に訊ねたところ、「右翼が来ている」とのことだった。

裁判所の外へ出てみると、私の視界に飛び込んできたのは「右翼」のイメージとは程遠い、若者たちを中心とする数十人の集団だった。

黒塗りの大型街宣車が停まっているわけでもなく、行動右翼にありがちな戦闘服を身に着けたものもいない。ジーンズにポロシャツ姿の青年や、仕事帰りのOLを連想させるスーツ姿の若い女性、さらにはサラリーマンや主婦のような中年の男女が、裁判所前の歩道いっぱいに集まっていたのである。

異様だったのは、彼ら彼女らが掲げるプラカードと、そこに躍る文字だった。

「不逞シナ人を追い出せ」

「発砲されて当然だ!」

さらに「シナ人の射殺を支持するぞ!」といったシュプレヒコールを繰り返す。遺族側の弁護士が裁判所に入ろうとすると、途端に「シナの犬!」といった罵声が集団から飛ばされた。

いかにも〝普通〟な見た目と、プラカードやシュプレヒコールの毒々しさがあまりに対照的で、私は混乱した。いったい、この人たちは何者なのか――。

「シナ人を射殺しろ」と大声で叫んでいた青年に私は話しかけた。

――どこの団体の方ですか？

「私たちは一般市民の集まりです」

青年は警戒するふうでもなく、丁寧な受け答えだった。いまならば話しかけた瞬間に「出ていけ」「死ね」と怒鳴りまくられるのがオチだが、その頃はまだ私の存在も彼らには知られていなかった。

――なぜ、ここに集まったのですか？　誰が呼びかけたのですか？

「今日の裁判のことはネットで知りました。ほとんどの人は、それを見て集まったのではないですか？」

後になって知るが、「2ちゃんねる」などのネット掲示板、保守系ブロガーが運営する複数のサイトにおいて、「不逞シナ人から日本を守れ」といったタイトルのもと、裁判所前で抗議の声をあげようとの呼びかけがおこなわれていたのである。宇都宮地裁前に集まったのは、それに応じた人々だった。

参加者のなかで、リーダー格らしき中年男性にも話しかけた。

抗議はかまわないが、あまりにも差別的な物言いは不愉快だ——私は感じたことをそのまま告げた。

すると男性は私のほうに顔を向けると「キミは日本人の生命と安全をどう思っているんだ！」と大声で怒鳴った。

この男性こそ、後に在特会会長・桜井誠に強い影響を与えることになる「主権回復を目指す会」代表の西村修平だった。

西村は１９６０年代後半の学生時代に日中友好協会に加入し、文化大革命さなかの中国を訪問して紅衛兵と交流するなど、いわゆる毛沢東派の活動家だった。その後、建設会社のサラリーマンとなるも、中国によるチベット弾圧などに反発し、今度は「反中国」の活動家として知名度を高めていく。

宇都宮地裁の前で〝衝突〟して以降、私は何度か西村と酒を飲む機会があった。活動の場から離れれば、西村は別人のように穏やかで紳士的だった。舞台や映画、文学に通暁し、クラシックのコンサートに足繁く通うような人物だった。

宮沢賢治が好きだと私が話したときには、賢治の詩集『春と修羅』に収められた「永訣の朝」を、まるで鼻歌でも歌うように口ずさんだ。

しかし、ひとたび活動の場に戻れば、西村は過激で、そして私からすれば不愉快極まりない人物だった。

中国人や韓国人に対して「出ていけ」「東京湾に叩き込め」と怒鳴り上げるような罵声をぶつける運動スタイルは、この西村が編み出したものである。さらに、活動の様子をネット配信して〝見せる〟手法も、西村のグループが多用したことで、多くの草の根保守がそれを真似するようになった。動画配信はネット掲示板と同様、いまや動員ツールとして重要である。

西村自身は否定するが、在特会などの運動スタイルは西村によってつくり出されたものだ、と私は思っている。実際、在特会の桜井も「西村さんから我々は学んできた」と、ことあるごとに話している。

ネット上のバーチャルな世界から、路上のリアルな世界に飛び出してきた活動家予備軍にとって、西村は「学校」でもあったのだ。

講演や学習会で満足するだけの保守に対して、西村は「アクセサリーとして知識をひけらかしているだけ」と批判した。一方で、昔ながらの行動右翼に対しても、「街宣車で走り回るだけの予定調和の運動」だと喝破した。

西村が呼びかけたのは、「アクセサリー」を排し、「予定調和」を排した上で、敵の急所をストレートな言葉で攻撃する運動だった。元慰安婦が韓国から来日したと聞けば、集会会場に出向いて「出て行け」と叫ぶ。中国人の集住地域で「シナ人は犯罪者だ」と街宣する。防衛大学校の学長が中国に親和的な発言をすると、学長の自宅まで押しかける。

言葉は選ばない。服装も資格も、極端にいえば政治思想すら問わない。来たいヤツだけ来ればいい。教条主義、経験主義を批判し、とにかく行動することが重要なのだという、まさに、かつて西村が信奉した毛沢東の「実践論」を運動現場に持ち込んだのだ。

その手法はいつしか「行動する保守運動」と呼ばれるようになり、ネット出自の活動家たちにとって、スタンダードな運動スタイルとなった。

「朝鮮や中国が嫌い」「在日が怖い」といった言葉をバーチャル空間で撒き散らかしてきただけのインドア系の若者にとって、特攻服に黒塗り街宣車といったイメージの右翼はハードルが高すぎる。

そこへ新たな回路を設け、政治地図を塗り替えたのが西村だったのだ。

普段着で集まり、本音で憎悪をぶちまける。その作法が差別デモへとつながっていく。

2007年に宇都宮で初めてそれを目にしたとき、私は正直、こわかった。剝き出しの憎悪と、遠慮のない本音と、ときに笑いながら罵倒するような〝軽さ〟が恐ろしかった。だからこそ、取材したいと強く感じた。私が感じた恐怖を伝えたかったし、この運動がこんご広がりを持つに違いない、という確信に近いものもあった。

▼出遅れたメディアの対応

宇都宮地裁前に集まった多くの者は、やがてできたばかりの在特会に合流していった。彼らの運動は関東だけでなく、関西、九州、北海道など全国各地に飛び火した。激しく、醜く、下劣な運動が、燎原《りょうげん》の火のように広がっていく。私はそれをできるかぎり追いかけた。素性を隠して、おそるおそるデモに参加することもあった。

それは、報じなければいけないと思ったからだった。この運動がさらに広がってしまうことを恐れたからでもあった。

だが――。

多くの編集者の反応は冷ややかだったことは、すでに述べたとおりだ。知り合いの記者やテレビマンも同様だった。誰もがこの動きを報じることに躊躇《ちゅうちょ》した。

「いつの時代にも、変なヤツはいるだろう」

ある編集者はそう言って、「なにも特別なことじゃない」とニュース価値を否定した。

また別の編集者は「どうせすぐに鎮静化する。一時的なものだ」として、記事掲載を拒んだ。

問題の深刻さをある程度は理解しつつも、「記事にすることで、彼ら（在特会など）を認知してしまうことになる」と漏らす編集者もいた。彼は「無視するのが一番だ」と付け加えた。

実は、こうした声を聞き続けることで、私の意見も彼らの側に傾きつつあったことは事実だ。これは一時的な現象にすぎない。報じる価値があるのだろうか――そう何度も自問した。

だが結果的に、差別デモの動きは拡大の一途をたどった。「一時的」で終わらなかったし、一部の「変なヤツ」だけでなく、あらゆる層に支持を広げていった。それは同時に、「被害者」を産み続けていることでもあった。

その結果が、現状を招いたともいえる。メディア各社が報じるときには、排外主義の波は日本全体をすでに飲み込んでしまったのである。「ヘイトスピーチ」はいまの日本の気分を表す一つの風景となってしまった。

▼ヘイトスピーチの「真の定義」とは

ところで、メディアが「ヘイトスピーチ」と記すとき、私自身、ずっと気になっていたことがひとつある。

新聞・雑誌などの活字媒体の多くでは当初、ヘイトスピーチは「憎悪表現」と直訳されていた（いまでもそのように訳す媒体は珍しくない）。

訳し方とすれば、間違いではない。間違ってはいないのだが、私はどこか違和感を覚えざるを得なかった。

文脈を考えずに「憎悪表現」なる文言だけを目にしたとき、読者が思い描くのは文字通り一般的な憎悪感情そのものである。

誰かを憎む。恨む。悪感情を持つ。普通に人として生きていれば、憎むことも憎まれることも避けられない。ヤクザの抗争も、子どもの喧嘩も、憎悪によって引き起こされる。もちろん私にとっても日常茶飯事だ。たとえば、差別デモの現場で取材を続けていると、とかく罵倒を受けやすい。

「オマエなど日本から出ていけ」

「安田は死ね」

「安田を叩き殺せ」

ネットにも取材先でも、そうした言葉を浴び続けている。正直、悔しい。腹も立つ。口にした相手を憎む。だから、ときに私も言い返す。

しかし、この子どもじみた口喧嘩を、たとえ憎悪感情に基づいたものであったにせよ、ヘイトスピーチだとするには無理がある。

「何をもってヘイトスピーチとするのか、はっきりさせたほうがいい」

そう指摘してくれたのは、差別問題に詳しい弁護士の師岡《もろおか》康子だ。国連の人種差別撤廃委員会が開催されたジュネーブでも、各国委員にロビーイングして回る師岡の姿を目にしている。

その師岡もまた、メディアが多用していた「憎悪表現」なる直訳に違和感を持っていた。

「ヘイトスピーチとは、人種、民族、国籍、性などのマイノリティに対して向けられる差別的な攻撃を指す」

これが師岡の見解だ。私もそれに倣いたい。

自身の努力だけでは変更することのできない、けっして抗弁することができない属性や、性的マイノリティに対し、差別に基づいた扇動・攻撃を加える行為そのものが、ヘイトスピーチと位置付けられる。しかもそれらの攻撃は社会的な力関係を背景におこなわれる。

また、人種差別研究で知られるハワイ大学のマリ・マツダ教授は、ヘイトスピーチは「マイノリティに対して恐怖、過度の精神緊張、精神疾患、自死にまで至る精神的な症状と感情的な苦痛をもたらす」としたうえで、その定義を以下の3点に簡潔にまとめている。

①人種的劣等性を主張するメッセージであること
②歴史的に抑圧されてきたグループに向けられたメッセージであること
③メッセージの内容が迫害的で、敵意を有し相手を格下げするものであること

要するに、ヘイトスピーチは単なる不快語や罵詈雑言とは違うということだ。

この点は世間にはまだ正確に伝わっていない。「言葉遣いが汚い」ということだけで「ヘイト」だとする風潮の方が、日常社会やネット言論の世界では一般的だ。

そうした意味において、ヘイトスピーチを「憎悪表現」と直訳し、それを無批判に使い続けるメディアの責任は大きい。

私が特に愕然としたのは「毎日新聞」(2014年9月7日)に掲載された社会面の四コマ漫画「アサッテ君」だ。1974年から40年間にわたって同紙で連載を続けた東海林さ

だおの人気漫画である。

問題となった同日付けの内容だが、まずはアサッテ君の長男（小学生の夏男）が、友人に対して「バーカ！」と罵る場面から始まる。

すると罵られた側の友人が「ア！　それいけないいんだよ」と返す。

さらに「そういうのヘイトスピーチっていうんだよ」と続けると、夏男は「ソーナノ？」と愕然とした表情を見せる。

そして最終コマでは両者が肩を叩きあいながら「なんだかやりづらくなってきたなあ」「おたがいにな」と苦笑するシーンで締められるのだ。

新聞の四コマ漫画で取り上げられるということじたい、ヘイトスピーチという言葉が一般化したことの表れでもあろう。だが、この内容は明らかに間違った知識と理解に基づいたものだ。

この漫画から漂ってくるのは、ヘイトスピーチを批判・指摘することへの穏やかな批判であり、「やりづらくなってきたなあ」との一言で、明らかにその窮屈さを伝えている。

確かに友人に向けられた「バーカ」がヘイトスピーチであると定義づけられているのであれば、「やりづらくなってきた」感覚は誰とて理解できよう。

だが、そのような認識を持っている者など、私が知る限り、ヘイトスピーチ問題に取り組む研究者や運動関係者のなかには、ひとりもいない。

何度も繰り返すようだが、ヘイトスピーチを構成するうえで重要なファクトは抗弁不可能な「属性」や「不均衡・不平等な力関係」である。友人を罵ったことがヘイトスピーチであるわけがない。

だが、この漫画を読んだ読者の一部は、一般的な罵倒表現をもヘイトスピーチだと受け止めるばかりか、被差別の側からヘイトスピーチを論じることすらをも「やりづらい」ことだと理解しかねないだろう。

新聞としては完全なミスリードだ。東海林さだおは「知らない」だけであったのかもしれないが、編集担当者がこうしたロジックを容認し、流通させたことは批判されるべきである。私はすぐさま一人の読者として「毎日新聞」にそれを伝えたが、「担当者に伝える」としただけで、長期連載の「アサッテ君」は2014年末をもって終了した。

▼「憎悪」の矛先

さて、前出の師岡の指摘を受けて、彼女と親交のある記者たちは慣習的に使ってきたた。

「憎悪表現」なる文言を見直すようにもなった。

「差別扇動表現」にあらためたのは、東京新聞である。同紙の佐藤圭記者による記事だった。

佐藤も新大久保などのデモ現場でよく顔を合わせる記者だった。政治部での取材経験が長い佐藤だが、同紙の看板部署である特報部に移ってからは、熱心に差別問題を追いかけていた。いまや在特会からは名指しで攻撃されるほど、デモ現場では知られた存在である。

ちなみにこうした報道を続ける記者に対しては、取材現場で様々な罵倒がぶつけられるだけでなく、ときに会社に対して抗議が殺到することも少なくない。

前出の朝日の石橋、そして東京の佐藤も、それぞれネット上で「反日記者」「朝鮮人の犬」などと書き込みをされた挙句、会社宛への抗議電話やメールが相次いだ。

差別デモに対して、ときに報道が及び腰に見えるのは、こうした抗議行動も原因となっているのかもしれない。

2013年5月31日、NHKの朝の情報番組「おはよう日本」はヘイトスピーチの特集を約10分間にわたって放映した。新大久保でおこなわれた差別デモの場面などが映し出され、そのショッキングな映像に衝撃を受けた視聴者も少なくないはずだ。

この番組に対し、NHKには約500本の抗議電話がかかってきたという。いずれも「NHKは反日」「売国奴」といった内容だったという。

2009年、京都朝鮮第一初級学校に在特会メンバーらが嫌がらせに押しかけた事件（後述）の際は、「外国人いじめ　不満はけ口」というタイトルの記事を掲載した東京新聞本社前で在特会が街宣活動をおこない、「東京新聞は謝罪せよ」と抗議した。

この事件においては、やはり在特会に批判的な番組を放映した大阪の準キー局・毎日放送にも同会メンバーが押しかけ、「捏造報道をやめろ」とシュプレヒコールを繰り返した。

もちろん古くからこの問題を追いかけている私のもとへの抗議など日常茶飯事だ。

「安田、ふざけるな」「オマエ、朝鮮人だろう！」

いきなり怒鳴り上げて、プツンと切れる電話は少しも珍しくない。

出版社へ抗議電話をかける者や、脅迫じみたメールを送ってくる者もいる。

「身辺に注意しろ」「殺してやりたい」

そうしたネット上の書き込みに関しては、もはや記録するのが面倒なほどに多い。

小学館が発行する月刊情報誌『SAPIO』に在特会批判の記事を書いた際には、同社前で抗議街宣をおこなったグループもあった。

同誌の常連執筆者である漫画家の小林よしのり、櫻井よしこと並べて私の名前を挙げ、「隠れていないで出てこい」「安田は売国奴」といった罵声を同社本社ビルにぶつけた。同社がまったく相手にしないことに業を煮やし、ついには「安田は週刊ポストでヘアヌードでも晒せ！」などと支離滅裂な罵声を飛ばす者までいる始末だった。

正直、この手の抗議に向き合うのは面倒だ。話してどうにかなる相手ではない。

あるとき、全国紙の記者が私に打ち明けた。

「彼ら（差別デモなどの参加者）が怖いわけじゃない。ただ、抗議の電話やファックス、メールなどが相次ぐと、社内的に『触れると面倒だよな』といった空気が生まれる。それがときに報道を躊躇させるひとつの理由となってしまうこともあるんです」

在特会をはじめとする草の根保守団体、さらには支持基盤であるネット右翼の「憎悪」の矛先はメディアだけではない。

真っ先に標的となるのは在日コリアンなどの〝当事者〟であり、さらには行政や、外国人の権利擁護を謳う市民団体などにも矛先は向かう。直接の抗議街宣、デモ、メールや電話による攻撃がもたらすのは、一種の沈黙効果である。

メディアや行政などは、むしろ逃げているだけかもしれない。余計なトラブルに巻き込まれたくなくて、正面から向き合うのを避けているだけだ。

しかし深刻なのは、差別を受け、傷つかざるを得ない〝当事者〟である。ヘイトスピーチがもたらす最大の〝効果〟がそれだ。向けられた相手は即座に抗弁ができない。沈黙せざるを得なくなる。

「日本は日本人のものだ。朝鮮人を叩き出せ」

そんなシュプレヒコールが飛び交うデモの現場で、私の知り合いである在日コリアンの男性は、苦渋に満ち満ちた表情を浮かべながら、こう漏らした。

「いったい、どう言い返したらいいんだよ。それとも、俺もこのまま日本に住ませてくださいとお願いすればいいのか？　叩き出されたところで、どこにも行けないんだから」

結局、彼はデモの隊列をじっと見つめることしかできなかった。

「ほれ、言い返してみろ」

「悔しいか？　悔しいか？　朝鮮人、悔しかったら何か言ってみろ！」

隊列からはそんな罵声が向けられる。

ヘイトスピーチは「憎悪表現」なんかではない。本質は差別以外のなにものでもない。

そもそも「表現」のひとつとして認めてよいのだろうか。

第4章　増大する差別扇動

ここまで見てきたように、「ヘイトスピーチ」をめぐる状況は、改善されるどころか、悪化の一途を辿るばかりだ。本章では、その実状をよりつぶさに検証してみよう。

①「韓国人をぶっ殺せ、しめ殺せ」
「朝鮮人は首をつれ、毒を飲め」
「朝鮮人をガス室に送れ」

（２００９年12月26日、東京・新大久保）

▼イケメン通り

東京・新宿区に位置する新大久保一帯は、「韓流の聖地」として知られる。韓国料理のレストラン、韓国製品を売るスーパーや雑貨店、そしてＫ―ＰＯＰスターや韓国人俳優のブロマイド、ＤＶＤを扱う商店が軒を連ねる。

こうした形のコリアンタウンとして知られるようになったのは、今世紀に入ってからだ。古くから在日コリアンによる商店などは少なくなかったが、2002年の日韓共催のサッカーワールドカップ、さらには「冬のソナタ」を契機とする韓国ドラマブームにより、韓流ファンを対象とした店が激増した。

地域の中でもっとも〝韓流色〟が強いのは、歌舞伎町に近い職安通りと、JR山手線・新大久保駅前を通る大久保通りを結ぶ一本の小路、通称「イケメン通り」と呼ばれる場所である。誰が名づけたのか、そこに密集する韓流ショップの韓国人店員は、まるで韓流スターのようなイケメンばかりだったことに由来する。

このイケメン通りの一角に小さなマンションが建っている。

ここの大家であり、地域で不動産業を営んでいる李栄《イヨン》に連れられて、私はマンションの屋上に上がった。

視界を遮るものは何もない。大久保の空はどこまでも広く、そして上から見下ろす街並みは、大きさの違う積み木を並べたように雑然としていた。

李栄がこの街で初めて差別デモを目にしたのは2013年の冬である。在日コリアンに対するあらん限りの罵声を飛ばす集団を見て「声も出なかった」という。

「なぜ憎悪の対象にされないといけないのか、ただただ、怖くて悲しかった。この街が、なにかによって壊されていくような気がした」

夕方の風に吹かれながら、李栄は街並みに目をやって、独り言のように漏らした。

李栄は、芥川賞作家・李良枝《イヤンジ》の妹である。

「由熙《ユヒ》」「ナビ・タリョン」などの作品で知られる李良枝は、1992年に37歳で夭折した。激しく、そして繊細だった姉の性格を、李栄はこう振り返る。

「もしも姉が生きていたならば、あのようなデモを目にして何と言ったかしら。たぶん、姉のことだから、拳を握りしめてデモ隊に立ち向かっていったかもしれないし、あるいは、嘆き悲しんで家の中に引きこもっていたかもしれないし……」

姉妹の父、李斗浩《イドウホ》（日本名・田中浩）は、1940年に韓国・済州島から日本に渡った。まだ15歳だった。戦時中は軍属としてマグロ船に乗って南方を回った。

終戦後は山梨県富士吉田で織物工場を営んでいたが、1960年代半ばに上京。旅館業を始めて成功するが、その地が大久保だった。

江戸時代にはツツジの名所として知られた大久保一帯は、戦前まで閑静な住宅地であった。作家の国木田独歩、葛西善蔵、若山牧水、さらには幸徳秋水、北一輝などもこの地に居を構えていたことがある。

しかし終戦後になると、被災した住宅困窮者に向けた集合住宅建設が進められたこともあり、建設需要を見越して多くの日雇い労働者が集まった。さらに１９５０年にロッテの工場が操業を開始すると、やはり同胞企業への雇用を期待した在日コリアンが押し寄せた。

その一方で、朝鮮戦争が始まると、戦火から逃れた韓国人の一部が、伝手をたどって大久保地域に住む同胞のもとにやって来た。在日コリアンにとって、そこはまさしく「生活の場」であったのだ――。

李姉妹の父親・田中浩は、そこに「事業家」として乗り込んだのだった。いうなれば、コリアンタウン形成を促した立役者でもあったのだ。

田中の成功を知った同胞たちが、次々と大久保で旅館業を営むようになった。それに伴い、キムチを売る店がポツリポツリと路地裏に立ち並んだ。

とはいえ、現在のようなコリアンタウンとして知られるようになったのは、前述の通り今世紀に入ってからだ。日本にいながらにして気軽に韓国の空気を感じることができる――そんな街として、休日は多くの人で賑わっていた。

そこに突如として差別団体が乗り込んできたのが、２００９年末のことだった。ここを舞台に「歳末だよ！防犯キャンペーン　国賊粉砕カーニバルin新宿」なる差別デモが開催されたことは、すでに述べたとおりだ。集合場所である新宿区内の公園に集まったのは約100人の老若男女。それぞれがプラカードを手に、新大久保に向けて練り歩いた。韓流の聖地に、初めてヘイト（憎悪）にまみれた怒声が響き渡った日だった。

その日、大型の拡声器でシュプレヒコールをリードしながら隊列を率いたのは、在特会員の男性（37歳）だった（現在は退会）。

他の多くのネット右翼がそうであるように、彼もまた、ネットに触れるまでは政治に対して無関心だった。

「どちらかといえば政治信条は左に近かった」

私の取材には、そう答えている。

その彼が政治に目覚めたきっかけは、奇しくも新大久保一帯に新たな賑わいをもたらした、2002年の日韓ワールドカップだった。ベスト16にまで勝ち進んだ日本は、準々決勝進出を賭けてトルコと対戦、惜敗する。このときテレビに映し出されたソウルの街頭風景に彼は「唖然とした」という。

「市庁舎前の広場に集まった群衆が、日本敗退の瞬間に大喜びしていたんです。そんな韓国の反日感情にショックを受けました。せっかく共催という形でワールドカップがおこなわれているのに、なぜ日本が負けたことをこんなにも喜ぶのか。それがきっかけで韓国に不信感を持ち、ネットを通じて日韓関係、あるいは日韓の歴史を学んだんです」

嫌韓に傾いたきっかけを、この年のワールドカップとする者は少なくない。それまで上から目線で「アジアの小国」としか認知していなかった韓国の存在を「発見」し、そして韓国民のナショナリズムを目の当たりにし、徐々に「敵」として見るようになったのだろう。

「韓国チームのラフプレーに怒りを感じた」「日本への敵意に腹が立った」「サポーターの熱狂ぶりが怖かった」という言葉を、在特会員への取材の過程で何度も耳にしている。

これを契機に、隣国のあら探しが始まるが、情報収集のツールとして利用されたのは、いうまでもなくネットだった。そのネット空間に溢れる書き込みに接することによって、いつしか韓国への憎悪が膨らんでいく。

彼もそのひとりだった。

ネットには教科書では触れられることのない「真実」があふれていた。それまで日本だけが悪いと思っていた戦前の植民地政策も、実は誇るべき歴史なのだということを「知った」。マスコミに洗脳されている自身の無知に「気が付いた」。怒りにまかせてブログに思いの丈をぶちまけた。

そして2007年、動画サイトで目にしたネット住民による街宣活動に興味を持ち、初めて街頭に飛び出たのであった。何度かデモに参加するうちに在特会の桜井とも知り合いになり、ついには自らデモを主催するようになる。

「朝鮮人は嘘つきだ！」

そう叫びながら隊列を引っ張る彼の表情はいきいきとしていた。彼の中では「差別している」といった意識はないのだろう、巨大な敵と闘っているといった「高揚」だけを見て取れた。

その彼のそばで横断幕を手に、拳を突き上げていた27歳の青年も、「これは愛国活動なんです」と私に向けて熱く語った。

住み込みで新聞販売店に働く、見た目は真面目そうな青年である。

「僕も動画サイトで在特会の活動を知りました。目にした瞬間、身体が熱くなっていくのを感じたんです」

愛国者が体を張って闘っている——彼の目にはそう映ったのだ。

新聞販売店の前は飲食店で働いていたが、アルバイトの外国人留学生とは喧嘩ばかりしていたという。「外国人は素行が悪い」と繰り返す彼にとって、外国人とは「ろくな働きもしないのに権利ばかり主張する者」といったイメージが確立されていた。気付けば、外国人排斥を訴える「愛国者」として、デモの一員に加わるようになったのである。

現在、この二人は在特会を退会し、一連の政治活動からは遠ざかっている。きっかけは運動内部での人間関係に基づくトラブルだ。彼らなりに傷ついて、運動から離れたのだろう。それはそれでよい。しかし、あの日、新大久保で罵声を耳にした、在日当事者の痛みについては、いまどう考えるのだろうか。ヘイトスピーチを浴びた側の痛みは未だ消えていないのだ。

李栄も、そのひとりだ。

「何かが壊れていくのを感じた」

彼女はそう何度もつぶやいた。

父親の足跡が残る街だ。旅館はいま、主に外国人が居住するマンションに姿を変えたが、それでも街の雑多な雰囲気は昔のままだ。新大久保は国籍の異なる様々な人々を受け入れ、しなやかに、したたかに、発展を遂げてきた。多くの文化と人間を飲み込んだ大久保一帯は、雑多であるがゆえに温かく、なにより彼女にとって安らげる場所であった。

その街が、在特会とその仲間たちによって、ヘイトスピーチが飛び交う「憎悪の象徴」となってしまった。

2009年末以降、頻発した新大久保での差別デモが過激さをより増したのは、韓国の李明博大統領（当時）が竹島に上陸した2012年夏からだ。

一国のトップがわざわざ両国の対立を煽る行動に出たことに、私は幻滅し、うんざりしているのだが、それに対して仮に憤ったとしても、日本に住む在日コリアンを敵視する理由はなにひとつない。

しかし、日本の狂信的なナショナリストは違った。李明博の竹島上陸を奇貨とし、差別デモをよりいっそう醜悪なものにしたのだ。

▼関東大震災の「血の記憶」

「新大久保のゴキブリのみなさん！　こんにちは！」

隊列の先頭に立つ者が、新大久保の駅頭で声を張り上げる。

「こちらは『全日本・社会の害虫を駆除しよう清掃委員会』のデモ隊です！」

ぎょっとして立ち止まる人。顔をしかめる人。あえて視線をデモ隊からそらす人。そして悲しみと怒りの入り混じった表情でデモ隊を睨みつける人。街頭の反応は様々だ。

一方、デモ隊の側は、へらへらと笑いながらこぶしを突き上げる者や、小ばかにしたように群衆を挑発する者など、いずれもどこか楽しそうではある。

ヘイト（憎悪）が娯楽になっている――私はそう感じた。

そしてお定まりのシュプレヒコールが始まる。

「韓国人をぶっ殺せ！」

「しめ殺せ！」

「ソウルの街を焼き討ちにするぞ！」

「新大久保にガス室をつくるぞ！」

私も不快な気持ちを抑えながら、取材者として隊列にカメラを向ける。すると、途端に怒声が飛んでくる。

「おい、こら、チョン！　勝手に写真撮るな！」

「朝鮮人、かかってこいよ！」

この国のマジョリティの一員である私にとって「チョン」といった侮蔑語が心に突き刺

さるわけでもない。不快、不愉快と呟き、その場を立ち去ってしまえば、それで終わりだ。

だが、在日コリアンは違う。

「実際、『殺されるかもしれない』という恐怖がいつまでも続くんです」

そう打ち明けたのは、新大久保に事務所を構える在日コリアン青年連合東京代表の梁英《リヤンヨン》聖《ソン》だ。

「大の大人が楽しそうに『殺せ』と叫ぶ姿を見たとき、怒りとともに恐怖を感じました。ショックを受けた、と表現するだけでは物足りない。在日である自分が全否定されたような気がしたし、ほんとうに殺されるかもしれない、という絶望に近い思いがいつまでも離れなかったんです」

「死ね」「殺せ」——それは在日にとって、ただの罵声ではない。実際に殺された血の記憶があるからだ。

1923年9月の東京——。関東大震災のさなかに「朝鮮人虐殺」は起きた。

「朝鮮人が放火している」「井戸に毒を投げている」という流言飛語《りゅうげんひご》を真に受けた人々が、刃物や竹ヤリで朝鮮人を襲った。新聞は連日のように「不逞鮮人の陰謀」を書きたて、朝鮮人への憎悪を煽っていた。偏狭なナショナリズムを原動力とした当時の世論が、虐殺を引き起こしたのだ。

現在の「嫌韓」の気分に満ち満ちた日本社会にあって、梁英聖が「恐怖」と「絶望」を抱くのは、「殺された」側をルーツに持つ者からすれば、むしろ当然であろう。

新大久保で差別デモに反対する「カウンター行動」に参加し、その後『九月、東京の路上で』（ころから）を著したライターの加藤直樹は、同書のなかで関東大震災における朝鮮人虐殺と差別デモを結び付け、次のように書いている。

〈過去の話ではない。今に直結し、未来に続いている〉

そう、朝鮮人排斥は、けっして新しい話ではない。差別の形は常にリニューアルを繰り返しながら、しかし本質を変えることなく続いているのだ。だからこそ、在日コリアンは、いまなお繰り返される差別デモに恐怖するしかないのである。

同書において加藤は、関東大震災当時、高等小学校や尋常小学校に通っていた子どもたちの作文を引用している。

〈朝鮮人が立木にゆはかれ竹槍で腹をぶつぶつさられ（刺され）〉

〈みなさんがたが朝鮮人をつついていましたからは（わ）たくしも一べ《（ママ）》んつついてやりました〉

あっけらかんとした描写が、かえって不気味で痛々しい。それは、「チョンを沈めろ」と無邪気に叫びながら練り歩く差別デモ参加者の姿と重なる。

実際、差別デモ参加者の一人は、私の取材に対して次のように答えている。

「これまで日本人は朝鮮人を怖がっていた。何かを言いたくとも遠慮していた。でも、いまようやく大声で朝鮮人の悪行を訴えることができるようになったんです。ある意味、スカッとした気分になりましたよ」

暗澹とした気持ちにならざるを得ない。

「怖がって」いるのは、在日の側に決まっているじゃないか。約50万人といわれる在日が、なぜ、1億2000万人の日本人に怖がられなくてはいけないのか。「殺される」恐怖が、リアリティが、日本人の側にどれだけあるのか。

作家・柳美里は、新大久保デモを目にした翌日、ツイッターにこのような言葉を残している。

〈昨日、日本で、公衆の面前で、このプラカードが掲げられたことを、私は決して忘れないし、許さない。『良い韓国人も悪い韓国人もどちらも殺せ』『朝鮮人　首吊レ　毒飲メ　飛ビ降リロ』〉

そう、忘れてはいけないし、許してもいけない。被害者を生み続けるヘイトスピーチを許容する理由など存在しないのだ。

②「朝鮮学校はキムチ臭い」「スパイの子」「ウンコ食っとけ」

（２００９年12月４日、京都市）

▼事実上の監禁状態

２０１４年の暮れ。私は３年ぶりにその場所を訪ねた。

京都駅から南に歩いて約20分。在日コリアンが多く住む東九条の街を抜け、大通りを越えた場所に、そこだけがぽっかり口を開けたかのような、頼りなげな空間が広がっていた。

更地は工事用フェンスで囲まれ、中に踏み入ることはできない。

「マンションが建つらしいですよ」と付近の住民が教えてくれた。

かつて、ここには京都朝鮮第一初級学校があった。むき出しとなった地面に、土嚢や工事用具が無造作に置かれていた。

たかだか数年の間に、一帯の風景が大きく変わっていた。

隣接する土埃の舞うだだっ広いだけの公園には、いつのまにか遊具が増設され、路面はアスファルトで整備されていた。新設された阪神高速道路の橋脚が公園内にせり出し、なにか窮屈な印象を与える。

ここで〝事件〟が起きたのは、2009年12月4日のことだった。在特会メンバーら十数名が、朝鮮学校に押しかけた。

「朝鮮学校をぶっつぶせ!」

「キムチくさいでえ」

「日本に住まわせてやってんねや。おまえら隅っこのほう歩いとったらええねん」

メンバーらは授業中の学校に向けて聞くに堪えない罵声を投げつけた。

金曜日の午後である。学校の中には100人以上の児童が授業を受けていた。

このときの学校内の様子については、中村一成の『ルポ　京都朝鮮学校襲撃事件』(岩波書店)が詳しい。

その日、誕生日を迎えた女児は「なんで、誕生日にこんな目にあわないといけないの」と泣き出し、それが周囲に伝播し、大勢が泣きじゃくった教室もあったという。また、恐怖におびえる低学年の子を、上級生が「大丈夫だからね」と抱きかかえる姿も各所で見られた。

子どもたちは外に出ることもできず、ただ、教室の中で脅えていることしかできなかった。教師もまた、学校中に広まった動揺を抑えることと、校門前で侵入を防ぐことに精いっぱいだった。

「君たちは完全に包囲されている！」

押しかけた側の一人が、大型のハンドマイクで誇らしげに叫んだ。

まさにその通りだった。「子どもたちは事実上の監禁状態に置かれていた」（同書）のである。

学校前の公園を同校が「不法占拠」している、というのが襲撃メンバーの主張だった。グラウンドを持たない同校が、体育の時間などに公園を利用していたのは事実だ。だが、それは「不法占拠」でもなんでもない。もともとは地域住民や市にも同意を得たうえで利用してきたに過ぎなかった。その合意内容を記したメモは、いまでも学校側が保管している。

事件後、公園を管理する京都市は「公園使用を（学校側に）認めたことはない」としたが、学校の50周年、60周年記念式典はこの公園で開催され、そこに市の代表者も来賓として出席している。

前掲書の中で中村も次のように書いている。

〈そもそも敗戦後から経済成長期まで、校庭のない公立の学校が地元の公園をグラウンドとして使うのは珍しいことではなかった〉

〈(いまなお)京都市内の中学校四校と小学校一校は近接する公園を学校運動場として使用しているのだ〉

しかし、在特会らは「朝鮮人に土地を奪われた」と大騒ぎした。いや、大騒ぎしたかったのだろう。憤りや正義感というよりも、ネタを見つけては火を放つ、そんな彼らの回路がいまは透けて見える。少なくとも彼らには「襲撃」といった意識はないし、加害者としての自覚もない。

襲撃メンバーの一人は、私に対して「これは正義の闘いだった」と胸を張った。

「朝鮮人から土地を奪還したんです。日本人として、朝鮮人の悪行に抵抗したんです。いったい、これの何が悪いのかわからない」

これは彼ひとりの意見ではないらしい。

在特会も大真面目に「正義」を主張している。

たとえば、国連の人種差別撤廃委員会がこの事件に懸念を表明した際、在特会は以下のような書簡を同委員会に送っている（２０１０年４月２日）。

〈私は、委員会の皆様がかつて南アフリカで行われていたアパルトヘイト政策をご存知であると確信しております。アパルトヘイト政策は外国から来た白人がもともと住んでいた黒人を差別し、黒人たちが立ち入ることのできない区域を作りました。今、在日朝鮮人が享受している特権は、現在も続くアパルトヘイトと呼べるものです。京都朝鮮学校の目の前にある勧進橋児童公園や全国の朝鮮学校、全国の朝鮮関連の公的施設は、日本人の立ち入りが厳しく制限される場所となっています。未だにその朝鮮学校と公的施設を「原住民」たる日本人の多くが、たとえ規約を守るようにその使用制限を享受することを認めたとしても、利用することはできません。一方で日本の学校と公園や公民館等を含む公的施設はすべての人が等しく利用できます。在特会の主張はアパルトヘイトをやめるように要請するものであり、国際連合の意向に沿ったものです〉

つまり在特会は、在日コリアンを「外国から来た白人」に、日本人を「もともと住んでいた黒人」にたとえ、自らの行動を差別や圧制からの解放運動であると主張しているのだ。

しかし、どんな理屈をこねくり回そうとも、私には在特会が南アフリカの黒人と同じ地平に到達するとは思えない。そもそも参政権すら認められていない在日コリアンが、どうやって日本人を専制支配するのか。

この事件では、押しかけたメンバーの一部は威力業務妨害などで逮捕された。中心メンバー4人に対しては懲役1年から2年、いずれも執行猶予4年の有罪判決が下された。また、学校側は在特会を相手に民事訴訟を起こし、一審、二審ともに1200万円の高額賠償が同会に命じられた。在特会側は最高裁に上告したが、2014年12月に上告は棄却され、判決が確定した。

事件は在特会にとって、いや、日本社会にとっても、ひとつのエポックだった。

▼何が〝前衛〟なのか

あれから5年が経過した。

公園脇を流れる木津川の堤防に上り、一帯を見渡す。学校は2013年夏に市内の他の場所に移転し、公園はきれいに整備され、風景は変わった。学校の移転計画は以前から存在したが、予定よりも早く実行された。

「事件によって、学校が迷惑施設のように思われてしまった部分はある。事実上の立ち退きです」

そう話す学校関係者もいる。

あの事件は、取材者としての私も衝き動かした。動画サイトで学校襲撃の一部始終を観た私は、ただひたすら不快だった。許せなかった。なぜそんなことをするのかと、ひとりひとりに問い詰めたかった。

その思いを抱えながら私は取材を始め、雑誌に記事を書き、一冊の本にまとめた。著作はいくつかの賞を受賞し、そこそこ評判となった。訳知り顔でコメント依頼に応えることもあった。

あるとき、在特会の「不快さ」について話していた私に向けて、在日コリアンの友人が、ぼそっとつぶやいた。

「不快で済むなら、それでいいよね」

その場ではつい聞き流してしまった言葉が、それから先、何度も耳奥でよみがえる。

さらに別の場所で、やはり在日コリアンの女性から、同じような言葉を投げかけられた。

「殺されるかもしれない、って恐怖を感じたこと、ある？」

胸の中がざわざわした。何かを答えようとして、しかし思いを言語化できない。

数年ぶりに事件現場を訪ねてから2日後――。同じ場所で、私は金尚均（48歳）と会った。

事件当時、金は学校のアボジ会（父親会）役員を務めていた。3人の子どもを同校に通わせていた。事件のしらせを聞いて、彼は教員として勤める龍谷大学から自転車で現場に駆け付けた。

当時、金は私の取材に対して次のように話している。

「実は、自転車で現場に向かうまで、なんとか彼ら（襲撃メンバー）を説得できないものだろうかと考えていたんです。きちんと議論すればわかってもらえるかもしれないと本気で考えていました。学校にわが子を通わせている親としては、グラウンドの問題はきちんと解決したいし、ましてや地元に住む人々と摩擦など起こしたくない。ここで生きていく以上、日本人との対立を望む在日など、いるわけありません。話せばきっとわかってもらえる。そんな気持ちでいたんです」

アボジ会の一員として、金は地域との関係を大切にしてきた。公園を使って運動会やバザーを開くときには、学校近隣の家を一軒一軒訪ねて事前に挨拶した。チヂミや焼き肉の無料券を配り、ぜひ遊びに来てくださいと頭を下げて回った。喜んでくれる住民も少なくなかった。だからこそ、理解を求めればわかってもらえるに違いない、といった思いがあったのだ。

しかし、息せき切って現場に駆け付けた金に対し、襲撃メンバーらは罵声で応じた。

「朝鮮人はウンコ食っとけ！」

話の糸口を見つけることができず、金はその場に立ち尽くすことしかできなかった。以来5年間、金はひたすら裁判支援に走り回った……。

堤防の上から学校の跡地へ目をやりながら、金が私に尋ねてきた。

「あれ以来、何かが変わったんですかね？　それとも何も変わらないままなんでしょうか？」

私はやはり、何も答えることができなかった。

変わったのか、変わらなかったのか。

風景は変わった。裁判にも勝った。だが、現実に在日への冷たい視線は残ったままだ。理不尽な差別は消えていない。

金の前では口に出せなかったが、私は、ネット上にアップされたこの事件の動画を見たことがきっかけで在特会に入会した若者がいることを知っている。在特会を批判する私に対して彼は「日本人のくせに在日思考だ」とさんざん罵った後、突き放したような口調でこう言った。

「いままで誰もやらなかったことを、在特会がやったんですよ。僕は在特会が朝鮮人と闘っている姿を見て、勇気をもらいましたね」

確信に満ちた彼の目を見ながら、私は絶望的な気持ちにならざるを得なかった。彼にとって在特会とは、在日という「巨大な敵」に立ち向かうレジスタンス組織に見えるのであろう。奪われた土地を取り返す。日本の子どもたちの安全を守る。そして悪逆非道な侵略者を排除する。正義とは、もっとも激しく、そしてもっとも前に立って戦った者のなかにこそ存在する。そう、彼にとって在特会こそ、まさに〝前衛〟だったのだ。

私が金と会ったその日の午後――京都市内で襲撃メンバーを含む集団が、「公園奪還5周年記念」と銘打ったデモを開催した。

デモ隊は沿道に連なる人々を挑発するかのようなシュプレヒコールを繰り返しながら、京都の町を練り歩いた。相変わらず、「朝鮮人は出ていけ！」「朝鮮人から土地を奪い返すぞ！」という言葉が飛び交うデモだった。襲撃メンバーが逮捕されても、民事裁判で損害賠償が確定しても、差別デモの風景は変わらない。

金は苦虫をかみつぶしたような表情で隊列をじっと見つめていた。友人のライター・李信恵は、デモ隊の行方を阻もうと、路上に座り込もうとしたが、周囲の仲間に止められた。別の在日女性は「差別デモをやめろ」と大声で叫びながら隊列を追いかけ、そして警察官に制されて泣きじゃくった。

なんだかやるせなかった。

私はただ、人ごみにもみくちゃにされながら、デモ隊を追いかけることしかできなかった。

「公園奪還５周年」と大書された横断幕が、これ見よがしに沿道へ向けられる。

奪還――冗談じゃない。彼らは何かを取り返したのではなく、一方的に奪ったのだ。学校という日常を。地域の安寧を。そして人間の尊厳を。

京都朝鮮学校襲撃事件とは、まさにヘイトクライム（憎悪的差別扇動犯罪）だった。地域を壊し、そして他者を、自らを、壊してしまったのだ。

③「JAPANESE ONLY」

（2014年3月8日、埼玉スタジアム）

▼サッカーとレイシズム

ヘイトスピーチの〝現場〟は、デモがおこなわれる路上だけに限らない。さらに言えば、ヘイトスピーチは在特会など「差別団体」の専売特許でもない。

憎悪も差別も、日常生活の中に溶け込んでいる。

たとえばスポーツの試合中にも――。

〝事件〟が起きたのは2014年3月8日。埼玉スタジアムで行われたサッカーJリーグ、浦和レッズ―サガン鳥栖戦でのことだった。

浦和のゴール裏に位置するサポーター席の入り口付近に「JAPANESE ONLY」（日本人以外お断り）と大書された横断幕が掲げられたのだった。

ゴール裏はもっとも熱心なサポーター（コアサポーター）が陣取る場所であり、試合のたびに様々なメッセージが記された横断幕がグラウンドに向けて林立している。ときに過激な文言が躍る場合も珍しくはないが、激励でも叱咤でもなく、日の丸とともに掲げられた「JAPANESE ONLY」のメッセージは、明らかに浮いていた。

「なんなんだ、これは」

その日、問題の横断幕を目にしたサポーターの一人（男性、33歳）は、強烈な不快感を覚えたという。

「どう考えたところで、外国人差別を煽るものとしか解釈できなかったんです。もう完全に一線を越えている。サッカーの試合において、このような横断幕が許されていいとは思えませんでした」

男性はすぐにこの横断幕をスマホで撮影し、その写真を自らのツイッターにアップした。告発というよりも「ある種の叫びのようなもの」だったという。

「とにかく、じっとしていられなかった。こんな横断幕を放置することは、すなわち、サポーターまでもがこのメッセージを容認していると思われてしまいます」

男性は、たまたま近くにいた警備会社のスタッフにこう訴えた。

「あれは明確な人種差別です。場合によってはリーグから何らかの処罰を受ける可能性だってある。すぐに撤去させてください」

そのうち、サポーターの一部も彼に同調した。

「早く横断幕を撤去してください」

「これは大変な問題になります」

彼らは警備員やスタッフに懇願したのだった。

ところが、横断幕はすぐに降ろされることはなかった。

クラブ側は「提示した側と話し合う」として即座に撤去することをためらい、結局、試合終了まで「JAPANESE ONLY」は掲げられたままになったのである。

幸いなのは、サッカーファンの反応が素早かったことである。この男性がツイッターに掲載した横断幕の写真がネット上で即座に広まり、浦和サポーターのなかから非難の声が一斉に上がった。

選手の中にも、これを問題視した者がいた。浦和の槙野《まきの》智章《ともあき》選手だ。試合終了後、彼はツイッターで次のように訴えた。

〈今日の試合負けた以上にもっと残念な事があった…。浦和という看板を背負い、袖を通して一生懸命闘い、誇りをもってこのチームで闘う選手に対してこれはない。こういう事をしているようでは、選手とサポーターが一つになれないし、結果も出ない…〉

この書き込みは大きな反響を呼んだ。わずか2時間で1万件を超えるリツイートがあったのだ。これによって問題の深刻さはサッカーファン以外にも認知されることになったのである。

結果として、事態を重く見たＪリーグは異例ともいえる処分を下す。リーグ史上初となる「無観客試合」を浦和に命じ、問題の横断幕を掲げた者たち（「ＵＢスネーク」と称するサポーターグループ）を無期限の入場禁止とした。さらに規約も再改定し、「人種、肌の色、性別、言語、宗教、政治または出自等に関する差別的あるいは侮辱的な発言または行為」に関しては、主催クラブが違反者に対し、損害賠償を請求できることを明記した。

ちなみに問題の横断幕を掲げたサポーターはクラブ側の調査に対し、「海外からの観光客が増えてきたことで、ゴール裏という『聖地』を守りたかった」などと弁明。人種・民族差別の意図を否定しているという。

だが、これを額面通りに受け取る関係者は少ない。

「根底にあるのは、韓国人選手に対する差別感情ですよ」

そう断言するのは、前出のサポーター男性だ。

「あの横断幕は、今季から浦和に加入した李忠成《りーただなり》選手を意識して掲げられたことは、ほぼ間違いないと思います。実際あの日も、後半に李選手がピッチに入った際、ゴール裏の中心部からブーイングが飛ばされました」

李忠成は現在、日本に帰化しているが、在日コリアン4世である。〝嫌韓感情〟を持つ一部サポーターは李の加入に猛反発していたという。

「開幕戦でも、やはり李選手に対してブーイングや抗議を意味する指笛がありました。当然、そのことはクラブ側も把握していたはずです。それにもかかわらず、大騒ぎになるまでなんら対策をとってこなかった運営責任は大きいと思いますね」

浦和のサポーターには、2010年にも仙台に所属する韓国人選手に対して差別的ヤジを飛ばしたという〝前科〟がある。一部のサポーターがしでかしたこととはいえ、こうした〝ゴール裏の嫌韓体質〟を指摘する向きも少なくない。

▼日韓共催で〝右ブレ〟に

たしかに一部のサッカーファンの間に、韓国や韓国・朝鮮人選手への差別意識が存在することは、たびたび指摘されてきた。

サッカーにおいて韓国は、長きにわたって日本と最大のライバル関係にある。敵意に近い意識を持つファンもけっして少なくはないし、なによりも日韓関係の緊張に伴う「嫌韓感情」の高まりは、日本全体に広がっている。コリアン集住地域で頻発する「嫌韓デモ」に見られるような露骨で下劣な差別意識は、サッカーグラウンドにも波及しつつある。

特に日韓代表戦では、そうした感情が双方において爆発しやすい。

2013年7月に韓国・ソウルで行われた東アジアカップ日韓戦では、伊藤博文を暗殺した抗日闘争の英雄とされる安重根の巨大なフラッグや、歴史認識に対する日本批判を訴える横断幕を韓国のサポーターが掲げ、それに対抗するような形で日本側サポーターの一人も旧日本軍の軍旗として使われた旭日旗を出すなど、社会問題化した。

サッカーのスタジアムでは、対戦チームのサポーター同士が煽り煽られながら盛り上がっていく〝文化〟が存在するので、挑発という行為自体はそれほど目くじらを立てるものでもなかろう。だが、観客席を政治宣伝の場にすることが、果たして本当に選手のためであるのかは疑問だ。なかでも日韓戦においては、両国ともにコアなサッカーファン以外が観客席に詰めかけることも多く、どうしても応援が過熱しやすい。

私は在特会のメンバーを取材する際、必ず「いつから韓国が嫌いになったのか」と訊ねるようにしている。最も多い回答は「2002年の日韓ワールドカップから」だった。

在特会の広報局長である米田隆司も、ネット言論が大きく〝右ブレ〟した理由として、日韓共催を挙げ、これこそが「嫌韓へと至る過程におけるエポックメーキングだった」と言う。

「2002年のワールドカップが残したものは、韓国への失望と嫌悪ですよ。私なんかは韓国国民の品格を疑いましたね」

当初、日本は単独開催を目論んでいたが、その後韓国からの提案で共同開催に持ち込まれた経緯が、まず反発のベースとして存在する。開幕後も、韓国代表戦では、明らかに韓国に有利な判定が続いたことや、韓国選手のラフプレーも問題となった。加えて、韓国サポーターの熱狂的な応援風景に、同国が抱える強烈なナショナリズムを感じ、それを「脅威」と捉えた者もいる。

ワールドカップにおいて韓国側が見せた「風景」は、もともと排外的傾向を持つ者たちにとって、憎悪を燃やすに十分な〝燃料〟となったことは否定できない。

そして、冷たい視線は在日コリアンにも向けられていく。

「ふだんから在日は『差別はいけない』などと口にしますが、その前にオマエの母国をなんとかしろよと思いましたね。実際、私の周囲でも、それまで韓国に親近感を持っていた人ですら『ワールドカップで目が覚めた』と、一気に嫌韓感情を膨らませた人も少なくありません」

事実、その頃から「2ちゃんねる」などのネット掲示板では、韓国や在日コリアンに対する侮蔑的な書き込みが急増した。

ベストセラーとなった『マンガ嫌韓流』（晋遊舎）の作者・山野車輪《やまのしゃりん》も、私のインタビューに対して「ワールドカップが日本人の韓国に対する感情、視点に変化を及ぼした」と強調した。

「韓国選手のラフプレーや、サポーターの応援姿勢はひどかった。日本人的な視点からすれば許容できるものではなかったはずです」

ちなみに、こうした韓国への反発を、日本のメディアが報じなかったことが、かえって火に油を注ぐ結果になった、と山野は続ける。

「新聞もテレビも日韓友好を口にするだけで、日本人が感じた韓国への不快な感情を無視したと思います。そうしたことを、ほとんど報じなかった。そうしたなか、女優の飯島愛（故人）だけが、正直に発言しました。彼女は『韓国のプレーはアンフェア』と、皆が思っていることを堂々と口にしたのです。飯島さんは日本のメディアが言えないことを言った。そこに快哉を叫ぶ人が多かったのは事実でしょう」

以来、「日本のメディアは韓国寄り」「韓国に何も言えない」、さらには「メディアは在日に支配されている」といったトンデモ意見までもが飛び交うようになった。

▼韓国人サポーターの原則論

サッカーの試合で自国を応援するのは当たり前だし、対戦国をけなすことだって、さほど目くじらを立てるような問題ではない。

しかしなぜ、相手が韓国だと、こうも日本人は熱くなるのか。やはり、隣国への蔑視と差別感情が横たわっているからではないのか。

2013年末、私はサッカー韓国代表のサポーター組織「レッド・デビルズ」の代表であるパン・ウヨン（42歳）とソウルで会った。日本側から「過激」「政治的」と指摘されることの多い韓国サポーターの応援風景について聞くためである。

会うまでは、いかにも「反日意識」に満ち満ちた闘士然としたイメージを思い浮かべていたが、目の前に現れたパンは、どちらかといえば線の細い、温厚な紳士であった。金融関係に勤める会社員だという。

意外なことに、パンは「政治的スローガンを掲げる韓国側のサポーターに、まったく問題がないとは言えない」と口にした。

「原則論から言えば、国家間の対立をスタジアムに持ち込むことが必ずしも喜ばしいとは思わない。政治ではなく、あくまでもスポーツなのですから、我々の側に問題があるとすれば、少しでも改善したいという思いはあります」

子どもの頃からサッカーが好きだったという。1998年のフランス・ワールドカップに日韓が揃って出場したときには訪仏し、日本のサポーターとともに日本戦の応援にも駆けつけた。2002年のときも「同じアジアの仲間として、当然のように日本も応援した」と話す。

いまでも日韓戦においては、日本側サポーターとの交流を欠かさないという。ときには試合後に一緒に酒を飲むこともある。だが——と彼は続ける。

「個人的な思いとして、韓国はライバルである日本に絶対負けてはならない、という気持ちはある。また、スポーツであることは理解しつつも、歴史認識や領土問題を考えると、どうしても日本への反発も生まれてしまう。その感情が、日本戦において、ときにむき出しになってしまうことは否定できません。旭日旗を見たときなどは、やはりカッとなってしまいます。わざわざ韓国の傷に触れるような日本側サポーターがいることも事実ですよね？　それはやはり許せない」

歴史認識について、ここで争う気はない。私はパンが口にした「原則論」をひたすら繰り返した。

選手たちは政治的なトピックのためにプレーしているわけじゃない。スポーツ観戦の原則はあくまでもプレーヤーズ・ファーストではないのか。このままではサッカーファンだけでなく、両国国民の間に横たわる憎悪をさらに煽ることにもなる――。

「その通りだとは思う」と答えつつも、パンは必ずしも完全に納得した様子ではなかった。頷きながらも「それでも、やはり日本戦だけは特別にならざるを得ない」と繰り返す。ナショナリズムと「原則論」の間で揺れているようにも見えた。

私は政治を持ち込んだ過激な応援は、社会におけるレイシズムを容認することにもつながりかねないと思っている。

サッカーにおいて、不寛容なナショナリズムは、世界的に見てもけっして珍しいものではない。

2014年4月、スペインリーグのビリャレアル―バルセロナ戦で、バルセロナの黒人選手に向け、観客席からバナナが投げ込まれる騒動が起きた。欧州サッカー界では黒人選手を猿扱いするような「モンキー・チャント」と呼ばれる差別行為が頻発しており、バナナ投げ込みもその一つと見られている。

また２０１３年12月には、イングランド・プレミアリーグでニコラ・アネルカ選手が得点後に反ユダヤ主義と関連づけられるポーズを取ったとして、やはり大問題となった。

こうした事例は枚挙にいとまがない。

だからこそ国際サッカー連盟（ＦＩＦＡ）は現在、アンチレイシズム（反人種差別）活動を積極的に展開すると同時に、差別に対する厳罰化を各国協会に求めている。実際、前述したバナナ投げ込みの観客はスタジアムへの永久出入り禁止が言い渡されただけでなく、「基本的人権の侵害」だとしてスペイン警察によって逮捕された。ナチス式ポーズをとったアネルカ選手も、罰金と出場停止処分が下されている。

浦和の件にしてもそうだが、当事者に差別の意図があったかどうかにかかわらず厳罰を科すというのは、国際基準に倣ったものだ。差別的行為に関しては「ゼロトレランス」（絶対に許容しない）が当たり前なのである。

ライバル関係にある日本と韓国も、そのことを十分に自覚すべきだ。敵への憎悪をかきたてるツールとして、サッカーが利用されるべきではない。いや、そうであっては困る。

差別や憎悪を抱えていては、純粋にスポーツを楽しめなくなるではないか。

ただし、これだけは強調しておきたい。

浦和の事件において、レイシズムの危機を察知し、ヘイトスピーチを防ごうと努力したのは浦和のサポーターだった。

また、浦和での事件の翌日には、J2のFC岐阜―富山戦で、岐阜サポーターは「SAY NO TO RACISM」の横断幕をゴール裏に掲げた。サッカー界の一部に存在する差別感情への「カウンターメッセージ」だったという。

日本のサッカーファンが、見事な自浄作用を見せた。

偏狭なナショナリズムよりも、よほど「愛国的」だと私は思うのだ。

④「南京大虐殺ではなくて、鶴橋大虐殺を実行しますよ!」
（2013年2月24日、大阪・鶴橋）

▼「防犯パトロール」という名の街宣

地域住民の誰ひとりとして、そこがヘイトスピーチの「舞台」とされることなど望んではいない。しかし〝在日が多く住む街〟というただそれだけの理由で、大阪市生野区にある鶴橋はしばしば差別主義者たちの標的にされてきた。ここは、日本最大の在日コリアン集住地域だ。

２０１４年の12月28日。年末の買い出しで賑わう鶴橋の商店街に、やはり彼らは姿を見せた。

「鶴橋防犯パトロール」と称した差別街宣をおこなったのは、在特会の元会員ら数名のグループである。ネット上では予告まで出していた。

〈チョンコによる「ヘイトクライム」から日本人を守る為に、「拉致」や「犯罪」に気をつける様に呼びかけるパトロールを行います〉

なぜ、わざわざ鶴橋で「パトロール」をおこなうのか。在日コリアンに対するいやがらせであることは明白だ。いったいどこまでこの街を、そしてこの街で生活する人々を傷つければ気が済むというのか。

連中のやりたい放題にはさせない——そう考えた人も、当然少なくなかった。この日は地元・大阪だけでなく関西各地や、遠く関東からも、この差別パトロールに抗議するために数十人の「カウンター」（差別団体に抗議する人々）も集まっていた。

自称〝パトロール隊〟が鶴橋駅の改札口に姿を現すと、駅周辺は騒然となった。

「帰れ！」

「レイシストは出ていけ！」

カウンターの側から一斉に怒号が発せられる。つかみかからんばかりの勢いで、〝パトロール隊〟に詰め寄る者も少なくない。

だが、それでも〝パトロール隊〟の面々は商店街の路地を練り歩き、「日本が嫌ならば祖国に帰れ！」と、相変わらずのヘイトスピーチをまき散らしたのである。

抗議する者たちが圧倒的多数でありながら、なぜにそのような街宣が貫徹できたのか。

それは、警備に動員された警察官によって、〝パトロール隊〟が守られたからである。警察はカウンターの行く手を阻み、近づこうとする者を羽交い絞めにした。体を張って〝パトロール隊〟を守り通した。

地元の男性は涙声で警察に抗議していた。

「ここがどこだかわかってるんか！　ここは俺が住んでいる街や！　俺の家族が住んでいる街なんや！　なんであんな連中に汚されないとあかんねん！」

若い女性も泣いていた。涙で目を腫らしながら警察官に懇願していた。

「お願いします。やめさせてください。あの人たちを止めてください。差別を放置しないでください」

だが、警察官は一顧だにしない。抗議する者たちの体を押さえつけ、スクラムを組んで道を塞ぎ、わずか数名の差別集団に好き放題やらせたのである。

警察と差別集団の〝共犯関係〟は、いまに始まったことではない。そもそも、街頭でデモや集会を行なう場合は、警察への届け出が欠かせない。無許可で〝公道を街宣する〟ことは認められていないからだが、警察からすれば、カウンター側の方が秩序を乱す存在に映るのだろう。だからこそ、事前の届け出を逸脱しない範囲であれば、デモの現場における差別集団は〝合法的存在〟となってしまうのだ。

そのことは、私も承知しているし、頭では理解しているつもりだ。それでも鶴橋という街でこれを目にすると、やりきれない気持ちになる。

▼「街も人も、その存在を全否定されてるようで……」

忘れられない風景がある。2013年の春だった。

「それでは街頭演説を始めさせていただきます。地域にお住まいの日本人の方には、ご理解とご協力の方をよろしくお願いいたします」

やはり場所は、鶴橋駅前のガード下。近辺には在日コリアンの営む商店が軒を連ねる。在特会をはじめとする関西在住の排外主義者たちはこの日、日韓断交をスローガンに鶴橋一帯をデモ行進した後、駅前で仕上げの街宣を行った。

司会役の少年が口火を切った。

「クソちょんこ。あぁ？　何が鶴橋商店街じゃ、アホ！　くそうてたまらんのじゃ、ゴキブリ！　ゴキブリチョンコ、おい！　くやしかったら飛び出てこんかい。何がキムチやボケぇ！　なぁ？　あんなん大腸菌やらノロウィルスやないか、あほんだら！　イキリのチョンコがエラそうにな、誰が二足歩行で歩くことを許してん。四足歩行であるけ、手足ついて。チョンコの分際で。お前らは一番の劣等民族なんや！」

書き起こすだけで、げんなりするような文言がポンポン飛び出す。

「ニッポン人は迷惑してんの。朝鮮人が生活することによって。お前らゴキブリホイホイやないか。な？　ゴキブリー。何回でも言うぞ。ゴキブリ。ゴキブリチョンコをたたき出せー！　誰やねん韓国人って生きてんの？　虫やろ？　寄生虫やろ？」

在日に対するあらん限りの罵倒を繰り返すこの少年は、このときまだ19歳だった。メチャクチャだ。これはもう、差別とか偏見といった問題を超えている。人間としてどうなのか——といったレベルだ。

なぜ、こんな言葉を発するのか、別の機会に尋ねたことがある。少年は「確かに下品だとは思いますが」と前置いたうえで次のように続けた。

「ここまで言わないと、誰も振り返ってくれないじゃないですか。一種の問題提起ですよ。いままで在日が怖くて、日本人は堂々と批判することさえできなかった。だからあえて下品な言葉を使ってでも訴える必要があると思うんです」

在日が怖い。問題提起。取材の過程で何度も耳にしてきた言葉である。

本当にそうなのか。そもそも「怖がって」いるのは在日の側ではないのか。死ね、殺せ、ゴキブリを叩き出せと叫んでいるのは、この国で圧倒的多数派を構成する日本人なのだ。ヘイトスピーチに恐怖するのは、常にマイノリティの側である。

鶴橋駅前で身体を硬くして、ずっと街宣の模様を見ていた在日コリアンの男性（41歳）は、私にこう漏らした。

「大げさでもなんでもなく、震えが止まらなかったんです」

男性はここ、鶴橋で生まれ育った。就職してからは市内のほかの場所に移り住んだが、いまでも鶴橋はホームタウンであり、唯一、在日が「安全」を意識できる場所だったという。

「親戚がいるし、友人がいる。鶴橋に足を運べば、差別を気にしなくても済むホッとできる空間がある。ずっとそう思ってきたんです。しかし、ネットで差別デモがおこなわれることを知って駆けつけてみれば、そこは僕の知っている鶴橋とは違いました。なんだか風景まで変わってしまったように見えて……」

怒声と罵倒と嘲笑にまみれて、街は汚されていた。人々の顔から笑顔が消えていた。

「街も人も、その存在を全否定されてるようで、ただただ悲しくて仕方なかったんです」

鶴橋の歴史は古い。1910年代から始まった平野川開削工事に伴い、周辺に朝鮮人労働者が集められた。その後、済州島と大阪が定期航路で結ばれると、さらに多くの朝鮮人が定着した。終戦直後、鶴橋駅前で朝鮮人露天商を中心に闇市が形成され、コリアンタウンの原型がつくられる。現在、鶴橋を抱える生野区では、人口の4人に1人が在日コリアンだという。

雑然とした路地を歩くと、ソウルの市場にいるような気分にさせられる。ハングル文字の看板が目立つ。日本語と韓国語の入り混じった「在日語」の会話が耳に飛び込む。在日が在日であることを隠すことなく、緊張を緩めて過ごすことのできる場所でもあったのだ。

▼中2女子生徒の「虐殺」発言

しかしこの日、この鶴橋の街を、そこで生きる人々を恐怖のどん底に叩き落としたのは、ある少女が発したヘイトスピーチだった。

ミニスカート姿の少女が、促されるままにマイクを握った。彼女は大きく深呼吸すると、大きな声を張り上げた。

「鶴橋に住んでる在日クソチョンコの皆さん、こんにちは！」

よく通る声だった。それが駅前のガード下で反響し、夕暮れ時の街を包み込む。

「私もホンマ、みなさんが憎くて憎くてたまらないんです。もう殺してあげたい。みなさんもかわいそうやし。私も憎いし、消えてほしい！」

彼女は中学2年生だった。

顔には、まだあどけなさが残る。それだけに「憎い」「殺してやりたい」という中学生には不釣り合いな言葉が、ぐさっと胸に突き刺さる。

そして彼女はこう続けた。

「いつまでも調子に乗っとったら、南京大虐殺じゃなくて、鶴橋大虐殺を実行しますよ！ ニッポン人の怒りが爆発したら、しますよ！ 大虐殺を実行しますよ！ 実行される前に、今すぐ戻ってください！ ここはニッポンです。朝鮮半島ではありません。帰れー！」

街宣参加者らは「そうだあ！」とこぶしを突き上げるばかり。よくぞ言った、とばかりに笑顔で拍手する者もいた。

至近距離から見ていた私は、喉がカラカラに乾いて仕方なかった。女子中学生の発した「虐殺」という言葉が、いつまでも耳奥から消えてくれない。

勢いで口走ってしまっただけなのかもしれない。彼女に人を殺める意思などなかった、と信じたい。「中学生なんだから、軽はずみで言っちゃっただけでしょう」と指摘する者もいる。

そうだろう、その通りなのだろう、と思いたい。しかし、仮にそうだとしても、彼女の発言はけっして許されるわけではない。友人との口げんかではないのだ。

社会のマジョリティとして、マイノリティの殺戮を煽ったのだ。「軽はずみ」であることなど、何の言い訳にもなるまい。世界中の歴史を紐解けば、あらゆるジェノサイド（虐殺）は、それこそ「軽はずみ」から始まっている。熟慮に熟慮を重ねた「虐殺」などあっただろうか。

さらに問題は、こうした言葉を中学生に言わせたばかりか、止めることなく煽った大人たちである。そちらのほうがよほど罪深い。

案の定、この時の様子は動画サイトにアップされ、全世界に配信された。

実は、女子中学生の父親（52歳）は、地元では知られた民族派の活動家だ。「嫌韓デモは日本の恥」だとして毛嫌いする民族派は少なくないが、この父親はむしろ積極的に参加している。若者たちの間では父親のように慕われ、ときには愛娘を連れてデモへ加わることもあった。

この父親に話を聞く機会があった。

娘の「虐殺発言」に対しては「騒ぐほどの問題ではない」と完全に擁護。そのうえで「なぜ中学生がそこまで思い詰めなければならなかったのか、考えなくてはいけない」と、次のように続けた。

「いま、我が国に喧嘩を仕掛けているのは、韓国のほうじゃないですか。嫌韓デモが頻発しているといっても、口で言うとるだけですよ。ヤツら（韓国人）は竹島を力で奪い取り、ときには日の丸を燃やしたりするなど過激な反日活動を繰り返している。こうしたなか、若者たちが必死で戦っとるわけですよ。なんでメディアはそれを理解しようとしないんですか？」

私は韓国にもまた、狭量なナショナリズムが存在することを知っている。それを肯定する気はさらさらない。

だが、竹島問題から、なぜ、在日の殺戮を訴えるまでに、飛躍してしまうのか。取材していると荒唐無稽な「在日特権」と並んで、このようなロジックが、必ずと言ってよいほど飛び出してくる。

「韓国の反日が許せない」

「これは戦争なんだ」

そう真顔で応える者も少なくない。

そして、お定まりの「差別される側にも理由があるのだ」といった言葉が返ってくる。

しかし、私は思う。そもそも差別に理由をもうける時点で、決定的に間違っている、と。差別を肯定するための理由などを認めていたら、世界中のすべての差別が許容されてしまうではないか。

国家や指導者を批判することは一向に構わないが、いま、私たちの目の前にいるマイノリティを差別し、排除し、嘲笑する理由など何一つない。

いや、あってはならないのだ。

「虐殺」を叫んだ少女は、いつかそのことに気が付いてくれるだろうか。根拠すら怪しい憎悪を抱えて生きていくのはしんどすぎる。

それを伝えるのが大人の役割というものだろう。手を叩いて煽っている場合じゃない。

⑤「出て来いよ！　エッタども！ケガれた卑しい連中、文句あったらいつでも来い」

（２０１１年１月22日、奈良県御所市）

▼水平社博物館前での〝挑発〟

２０１１年１月22日——在特会副会長（当時）の川東大了《かわひがしだいりょう》（43歳）が、動画撮影係の仲間を引き連れ、奈良県御所《ごせ》市の「水平社博物館」前に現れた。

同博物館が建つ御所市の柏原地区は、「人の世に熱あれ、人間に光あれ」で知られる全国水平社宣言の起草者、西光《さいこう》万吉の生家がある。西光はこの地で同志の阪本清一郎、駒井喜作とともに「水平社創立事務所」を旗揚げした。いわば部落解放運動の「聖地」である。

同博物館は、「全国水平社」（部落解放同盟の前身）の活動記録が常設展示されており、当日は「コリアと日本――『韓国併合』から100年」と題した特別展示を開催中だった。朝鮮半島における日本の植民地政策にスポットを当てたものである。

その数日前、川東は電気工事の仕事で訪れた近畿大学の構内において、この特別展示を紹介するパンフレットを見つけた。在特会の活動家として、あるいは熱烈な〝嫌韓〟派である川東としては、格好の攻撃材料を「発見」したことになる。

水平社博物館に姿を見せた川東らは、同館の入り口前に陣取ると、大型のトラメガを用いて街宣活動を敢行した。少し長くなるが（極めて不快な気持ちにもなるが）、川東の演説を以下に引用する。

「なぜここでこうやってマイクを持って叫んでるかといいますと、この目の前にある穢多博物館ですか、非人博物館ですか、水平社博物館ですか、なんかねえ、よく分からんこの博物館」

「強制連行された女性の中には、慰安婦イコール性奴隷として軍隊に従属させられ、性的奉仕を強いられた人もいましたと、こういったことも書かれておりますねえ」

「慰安婦イコール性奴隷と言っているんですよ、こいつらはバカタレ。文句あったら出てこい、穢多ども。慰安婦。性奴隷。これねえ、すごい人権侵害ですよ、これ。性風俗産業ね。自分が性風俗産業で働くのが大好きだと、これが天職だと、喜んで働いている女性に対して人権侵害なんですよ、これ」

「この水平社博物館、ド穢多どもはですねえ、慰安婦イコール性奴隷だと、こういったこと言ってるんですよ。文句あったら出てこいよ、穢多ども。ね、ここなんですか、ド穢多の発祥の地、なんかそういう聖地らしいですね」

「穢多やら非人やらいうたら、大勢集まって糾弾集会やら昔やっとったん違うんですか。出てこい、穢多ども。何人か聞いとるやろ、穢多ども、ここは穢多しかいない、穢多の聖地やと聞いとるぞ。出てこい、穢多ども、おまえらなあ、ほんまに日本中でなめたマネさらしやがって」

「いい加減出てきたらどうだ、穢多ども。ねえ、穢多、非人、非人。非人とは、人間じゃないと書くんですよ。おまえら人間なのかほんとうに」

「穢多とは穢れが多いと書きます。穢れた、穢れた、卑しい連中、文句あったらねえ、いつでも来い」

被差別部落の住民に対する蔑称である「穢多」を、さらに下劣な「エッタ」「ドエッタ」などといった言葉に置き換え、聞くに堪えない言葉を連呼したのであった。

慰安婦問題において様々な見解があるのは事実だ。歴史認識を巡って自らの主張をぶつけることじたいに問題はない。

だがこの日の街宣は、慰安婦問題を醜悪な形で援用したあげく、被差別部落住民の出自と人格を差別的に攻撃しただけである。完全なヘイトスピーチである。

このとき、博物館職員のひとりは、事務所の中で拳を握り締めながら川東の街宣を聞いていた。すぐにでも外に飛び出してマイクを奪い取りたい気持ちではあったが、それを抑えたのは、警察から事前に「挑発に乗らないでほしい。彼らは相手の反応を引き出すのが目的だから」と告げられていたからだ。

実は、川東は1月5日にも同館を訪ねていた。日の丸の旗を掲げて館内を歩く川東との間で、「示威行為に当たるから旗を畳め」「そんな強制力があるのか」といったやりとりがあった。ＩＣレコーダーを突き出して「このやりとりは録音させてもらう」と言い放った川東のことを職員はよく覚えていた。

約1時間の街宣を終えた川東は、そのまま館内に入ってきた。職員は思わず声をあげた。

「さっき、ドエッタと言っただろう！」

川東は平然とした表情のまま答えた。

「おたくらの展示物のなかにもエッタと書いてあるやないか」

結局、こうした短いやりとりだけで、川東は姿を消したが、職員はいまでも思いだすたび怒りに震えるという。

「ここまであからさまに〝ドエッタ〟を連呼するケースなど聞いたことがありません。まさに確信犯ですよ。しかも、なんていうのでしょうか、彼の場合、怒りに駆られてというよりも、非常にドライな感じがしたんです。機械的にわめいているんですね。そのことが、かえって不気味にも思えました」

同博物館の運営主体である部落解放同盟の機関紙『解放新聞』は、この出来事について「水平社博物館前で差別発言連呼　『在特会』が企画展を妨害」という記事を同年3月7日付紙面に掲載した。これに対し在特会は急遽、「街宣は川東が個人でおこなったものであり、（街宣活動じたいは）在特会とは無関係」との声明を発表したものの、同時に「博物館の展示は、我々の祖先に対する人権侵害」との見解も示した。

さらにその5ヶ月後の8月22日、同博物館は川東に対して1000万円の慰謝料を求める訴訟を奈良地裁に起こした。同地裁は「穢多・非人が不当な差別文言であることは公知の事実であり、名誉毀損にあたる」として2012年6月、川東に慰謝料150万円を支払うよう命じた（確定判決）。

▼「ブルーリボン」で排外デモを

事件から1ヶ月後、私は大阪府内にある川東の自宅を訪ねた。その際、次のようなやり取りがあった。

――なぜ、あのような街宣をおこなったのか。

「歴史の捏造に抗議するためですよ。博物館の展示では、慰安婦を性奴隷と表現するなど、職業差別も甚だしい。正しい歴史認識を示さなければ、在日朝鮮人に対する差別も温存されるじゃないですか」

――エッタ、ドエッタという言葉には相当の悪意が込められているように思うが。

「何かまずいことでもありますか。〝士農工商穢多非人〟という言葉があるじゃないですか。ならば武士や商人も差別用語なんですか？」

――あなた自身、街宣では「エタ」という言葉を「穢らわしい」という意味で自覚的に使っている。

「僕自身、差別をなくしたいと思っていますよ。いま、あの言葉を使った意図について、多くは答えられません。僕は朝鮮問題については色々と学んではいるが、エタ、ヒニンのことについては専門じゃないから」

自身のホームページで「キティちゃんグッズ」の収集癖を明かす川東は、向き合ってみれば物腰も柔らかい。けっして喧嘩腰といった対応ではなかった。だが、以前にも私の取材に対し「活字は苦手。主にネットで知識を得ている」と答えた川東には、ネットと現実の境目がフラットなままの〝平坦な言語感覚〟を感じた。

だからこそ（当然ではあるが）、彼には差別者としての自覚はまるでない。被差別部落住民についての認識も、たとえば彼はネットに次のように書き残している。

〈チョンコや、ドエッタが特権階級に上り詰め、我々、善良な市民を虐げて半世紀余り、私達は、その虐げられてきた悔しさ・悲しさ・辛さを「怒り」に変えて戦ってきた〉

在日コリアンが「特権」だとする在特会のロジックが、そのまま被差別部落に乗り移っている。

とはいえ在特会側は、この事件を契機に川東が同会を退会したことをもって「事件と在特会は無関係」だと主張している。日ごろから「拉致事件」とは無関係な在日コリアンに対しても「犯罪者」だと罵っている在特会としては、ずいぶんと都合よく個人と組織の関係を使い分けたものである。

その後、川東とは一度だけ、食事を共にしたことがある。在特会退会後、いっこうに反省の色を見せることもなく、ますますヘイトスピーチに磨きがかかり、嫌韓目的の精力的な「差別街宣」を繰り返すようになった川東の真意を尋ねたかったからだ。

奈良地裁の判決から1年が経過していた。

胸に「ブルーリボン」をつけた川東は、食事の間も饒舌だった。「判決文には差別したということは書かれていない。つまり、名誉棄損が問われたのであって、差別が問題視されたのではない」と何度も強調した。

「エタというのは誇りある身分じゃないんですか？　水平社宣言にだってそう書いてある」

彼は私に突っかかるように話した。

どのような文脈でその言葉が使われてきたのか、その言葉によってどれだけの人が傷ついてきたのか、何よりも自分自身がどのような認識でその言葉を用いたのか、彼は理解できていないようだった。

その勢いで川東は、各地で頻発する（あるいは自分自身が主催する）排外デモに関して次のように述べた。

「正直、政治的な意味合いは少ないかもしれません。一種のどんちゃん騒ぎ、お祭りみたいなものですよ。面白そうだからと、デモに加わる人も少なくないと思いますよ。

僕はそれでいいと思っているんです。街頭でお祭り騒ぎして、それで人々の関心を集めることができればいいじゃないですか。せめてね、こうしたデモによって韓国人がさらに日本を嫌いになってくれれば、こちらの思惑通りですよ。いっそのこと韓国政府は日本への渡航自粛くらい打ち出すべきです。そのほうが日本にとっても幸せなのですから」

一事が万事、この調子である。彼の視点と思考には、ヘイトスピーチによって生み出される被害者という存在は、まるでなかった。

そして彼は、別れ際に両親への恨みを口にした。

「両親の言ってることなんて、ギャグですよ。いまだに南京大虐殺も慰安婦の強制連行も信じているんですからね。母親なんて韓流ドラマばかり観ている。そんな親だからいまだに『活動をやめろ』『あんたは洗脳されている』としか言わない。韓流ババアなんて死ねばいいんだ」

親子の間で何があったかは、彼はそこまで話さなかったのでわからない。だが、たとえその葛藤の内実が明らかとなったところで、差別の理由として納得できるわけがない。

「我々にはまだ、商店を焼打ちできるほどの力量だってない。そうなってこそ本当の排外主義ですよ」

そうそぶく川東が、おそらくこれからも差別主義を捨てないであろうことだけは実感できた。

その川東の姿を久しぶりに間近に見たのは、2015年3月2日のことだった。

東京・新橋駅前でおこなわれた維新政党・新風の街宣活動。同党はもともと「YP《ヤルタポツダム》体制打破」を掲げる新右翼の系譜に連なる政治団体だが、近年はネット右翼を支持層に取り込み、排外主義的な性格を強めている。在特会と〝共闘〟する場面も増えてきた。川東は、そんな同党公認で同年4月の大阪・枚方市議選に出馬すると紹介され、宣伝カーの上でマイクを握った。

相変わらずのアジ演説だった。

「朝鮮人は危険です」「不逞鮮人は見分けがつかないから怖い」「日本は日本人のためにある。朝鮮人のためにあるわけではない」

むき出しのヘイトを彼は隠そうともしない。

おそらくこの調子で市議になるのは難しいだろう。だが問題は、選挙の当落ではない。「選挙運動」という形で、彼は堂々とヘイトスピーチを繰り返すことになる。

地域のためだと主張しながら、しかし川東は地域に分断と憎悪を持ち込むに違いない。

それこそが彼の狙いなのだから。

⑥「ゴキブリ、ダニ」

（ある宮司のブログより）

▼世界遺産の神社で

奈良県の中央部、吉野山は古くから修験道《しゆげんどう》の聖地として知られてきた。この吉野山を含む「紀伊山地の霊場と参詣道」が、ユネスコの世界遺産に認定されたのは2004年のことである。

ロープウェイの吉野山駅から山道を30分ほど歩いた場所に、目指す神社があった。源義経が弁慶らと身を隠し、後醍醐天皇の南朝皇居でもあった由緒ある神社は、桜の名勝としても知られる。境内に立つと吉野山の斜面を覆う山桜の木々を一望することができた。かつて豊臣秀吉はここを「花見の本陣」とし、盛大な宴を催したと伝えられる。

さすがに世界遺産に連なるだけあって、美しく整備された庭園も、重要文化財に指定された書院も、歴史の風雪に耐え続けた風格を感じさせた。連日のように内外の観光客でにぎわうのも頷ける。

境内を散策し、拝殿で手を合わせてから、私は宮司のもとを訪ねた。

真っ白なあごひげをたくわえた宮司は私が来意を告げると、人懐こそうな笑顔を浮かべて、部屋の奥へと招き入れた。

向き合って座った宮司は穏やかな表情をしていた。あらためて挨拶を交わす。古社にふさわしい静寂な時間は、しかしそれから数分後には一瞬にして打ち破られた。

「出ていけ！　話すことなんてない！」

怒号が響き渡る。

私が宮司を怒らせたのは、ヘイトスピーチの問題に言及したからである。

「私の発言をヘイトスピーチだというのか！　そんなことを書いたら許さない！」

宮司の顔は紅潮し、握りこぶしはぶるぶると震えていた。

ことの顛末を説明しよう。

私が問題視したのは宮司のブログだった。

２００６年から始めたというブログは、当初こそ神社の紹介、祭礼行事の案内を中心とする内容だった。しかし２０１２年ごろから時事ネタ、政治ネタが急増する。しかも若い世代の〝ネトウヨ〟が好みそうな表現を用い、中国や韓国を口汚く罵るような書き込みが目立つようになったのである。

〈中国が日本に観光で来て、鳥インフルエンザ菌をばら撒いて帰る！　中国人が触った所は必ず消毒〉

〈他国の迷惑を顧みないシナ人ども〉

〈日本人は、韓国に旅行するものがいなくなった。韓国の朴大統領が『告げ口』で日本を悪く言うので韓国に旅行する馬鹿はいなくなった。在日韓国人に対して日本人の親近感は

消えた！〉

〈韓国人は整形をしなければ見られた顔ではない〉

いずれも神職らしからぬ罵詈雑言ではあるが、特に目を覆いたくなるのは、外国人を「ウジ」「ゴキブリ」に例えた、次のような書き込みだ。

〈共産支那はゴキブリとウジ虫、朝鮮半島はシラミとダニ。慰安婦だらけの国〉

〈（中国人が）わが国を食いつぶす日は近いと思います。ダニも最初に退治しないとどんどん増殖します〉

〈これから夏になれば…汚いダニや南京虫が出やすい、早期退治が必要であり…水際でやっつけなければならない〉

一連の発言は差別を扇動し、特定国民・人種の劣等性を主張しているに他ならず、紛《まご》うことなきヘイトスピーチである。しかも海外からの観光客も押し寄せる世界遺産神社の宮司の言葉であるだけに、問題視されても当然だ。

▼ルワンダの悲劇

ゴキブリ、ダニ、ウジ虫といった言葉が人種差別の文脈で使われることは珍しくない。

在特会などのデモにおいては「ゴキブリ朝鮮人」なる物言いは、もはや〝定番〟でもある。過去にはナチスドイツもまた、ユダヤ人をゴキブリ、ダニと称して迫害したことは知られている。

国際的に鮮烈な記憶として残っているのは、アフリカ中部の国ルワンダで1990年代半ばに起きた大量虐殺（ジェノサイド）であろう。

同国の多数派部族フツ族と少数派部族ツチ族の対立は、大統領（フツ族）の暗殺事件をきっかけに、深刻な部族抗争へと発展していく。

敵への憎悪をあおるために、フツ族が利用したのはラジオ放送だった（いまならばインターネットを使ったことだろう）。

フツ族のDJは毎晩、ラジオを通して呼びかけた。

「ツチ族は薄汚れたゴキブリである。さあ、ゴキブリどもを駆除しよう！　潰せ！　殺せ！　ゴキブリどもを皆殺しにしよう！」

ルワンダ語でゴキブリを意味する「イニェンジ」を多用し、殺戮を扇動したのだ。また、「ツチの女はどんな味か経験してみよう」といった、強姦を煽るような言葉が飛び出すことも珍しくなかった。

連日のように扇動放送を聞かされたフツ族の一部は、そのうち狂気に走った。山刀を手にした者たちは、ゴキブリと名指しされたツチ族への襲撃を繰り返すようになったのだ。つい最近まで当たり前のように言葉を交わしていた隣人を、職場の同僚を、学校の同級生を殺してまわったのだ。「ゴキブリ」と叫びながら、彼らはツチ族の手足や首を刀で切り落とした。女性は強姦されてから殺された。

ラジオから流れたヘイトスピーチは人々を殺人鬼に変え、そしてジェノサイドへと向かわせたのである。

洋の東西を問わず、そして時代を問わず、ゴキブリという言葉は憎悪と扇動の言葉として用いられてきたのだ――。

だからこそ私は、無自覚に（というか無邪気に）そうした言葉で他者を攻撃する宮司に、危険なものを感じ、それがヘイトスピーチだと伝えたのだが、宮司は「ヘイトスピーチとは何なのか答えろ！」と語気荒く迫った。

出自属性に対する攻撃、差別扇動であり、さらに社会的力関係によるものだと説明すると、今度はそれを遮るようにして宮司はさらに大声で反論した。

「本当のことを言って何が悪いのだ！」

互いの主張は平行線をたどるばかりだった。

そのうえで宮司は、中国人、韓国人、在日コリアンが「けっして嫌いなわけではない」とも強調した。

「韓国人の友人だっています。熱心にまじめに参拝してくれる中国人もいます。そうした人々までをも攻撃しているわけではない。一部の不心得者、そして日本を貶めている人たちに怒りを感じているだけなんです」

互いが冷静さを取り戻せば口調も柔らかくなる（実は私も激しく反論していた）。穏やかに人生観を語り、実はその後、宮司は書院を案内してくれた。中庭に面した縁側に腰を下ろし、神社の歴史や自らの昔ばなしを丁寧に伝えてもくれた。宮司となる前は大阪府警の警察官であり、身体を張って在日韓国人を守ったことも教えてくれた。根はやさしい人なのだと思う。

だが、どれだけ人当たりが良くとも、神に仕える宮司であっても、それをもってヘイトスピーチが正当化されるわけではない。差別と偏見の問題を語るうえで、人間性の良し悪しなど関係ないのだ。

▼差別主義者特有のフレーズ

ましてや「韓国人の友人がいる」といった言葉に、差別を無効化させる力はない。「韓国人は死ね、殺せ」とわめきながらデモをしている在特会の会員からだって、私は同じような言葉を何度も耳にしているのだ。

興味深いことに、米国にも差別主義者特有の似たような言い回しが存在する。

I have black friends.（私には黒人の友達がいる）

差別主義者でないことの言い訳として、もっともポピュラーな表現だとされているのが、これだ。ある種、パターン化された物言いである。

黒人の友人がいること、韓国人の友人がいること、それはけっして差別主義者でないことを意味するものではない。女友達や妻がいようとも、女性差別をする人間が存在するのと同じことだ。

「良いことは良い、悪いことは悪い。私はそれを正直に書いているだけです」

愛国者を自認する宮司はそう何度も繰り返した。国を愛する気持ちは十分に伝わってきた。地元で拉致問題にも熱心に取り組んでいる。在特会のデモも「あんなやり方は嫌いだ」とはっきり言う。

しかし、日常的に差別を受ける側が聞けば、「だからどうした？」という反応でしかないだろう。

言葉遣いの問題ではない。人格の問題でもない。ましてや外国人の友人の数が問われているわけでもない。

誰に向かって、どのような立場で差別を煽ったか――そのことが問題視されているのだ。

宮司は2013年春に「叙勲記念」として、ブログ記事などをまとめた著書を自費出版した（さすがにここでは過激な表現は抑えられている）。

同書では巻頭で3ページを使い、ある有名人が「推薦のことば」を寄せている。

宮司の経歴をなぞり、同書が「魂の日記」だと持ち上げたうえで、次のように結ばれている。

〈戦後失われた「日本人の誇り」をテーマとして、自分の国は自分たちが守らなければならないという強い意思を感じます。

世界一の日本人、世界一の国家をめざして進むための道標となることと思います〉

「道標」となるべき人ならば、なおさらヘイトスピーチから距離を置くべきだろう。

ちなみに「推薦のことば」を寄せたのは――ヘイトスピーチは「日本をおとしめること

につながる」と国会で答弁したこともある安倍晋三首相である。

⑦「日本人の敵」「イスラムが日本からいなくなるまで戦うから覚悟しろ」
（2015年、名古屋市中村区）

▼「モスクを燃やしてやる」

受話器を取ると男の怒鳴り声が耳に飛び込んできた。

「日本から出ていけ！」

「殺されたいのか！」

場所は、イスラム教徒の礼拝所「名古屋モスク」（名古屋市中村区）。2015年2月上旬のことである。

モスクの代表役員で、パキスタン出身のクレシ・アブドルワハブ（57歳）は「怖かった」「こんなことは初めてだった」と沈痛な表情でそのときを振り返った。

イスラム過激派組織「IS」（日本メディアでは「イスラム国」と称されることが多い）

による日本人人質事件で、後藤健二氏と湯川遥菜氏の殺害が明らかとなった直後のことである。

嫌がらせ電話はいずれも男の声で、しかも非通知・匿名だった。

いくつかの通話は録音されている。私もそれらを聴かせてもらったが、どれもが一方的に罵るだけで、モスク側の話を聞くこともなく、やはり一方的に電話を切っている。

「テロ組織は日本からでーていけー！」

「粉砕せよー！」

といった〝街宣調〟のものもあれば、「いつまでも名古屋にいるんじゃねーよ」とからかい口調で、罵声をぶつけたものもあった。

「なかには『オマエのところには子どもや赤ん坊もいるだろう』と家族構成を言い当てた内容の電話もありました。さすがにこれは気味が悪かった。すぐに警察に通報しました」

以来、怖くて電話に出ることができないでいる。常に留守番電話を設定し、相手を確認してから受話器を取るようになった。

電話だけではない。ＩＳによる日本人人質殺害の動画がネットに流れて以降、脅迫じみたメールも送りつけられるようになった。

〈国に帰ってください。イスラム圏の人の姿を見るのも嫌です。日本人の敵！〉

〈我々国民を殺した罪についてどう落とし前つけるのか。今後も日本人を見たら殺すとしていますが、あなた方こそ日本から1日も早い撤退を多くの日本国民の怒りを代弁して抗議文とするから覚悟しろ。我々はイスラムが日本からいなくなるまで戦うから覚悟しろ。それが嫌なら速攻立ち去れ〉

いずれも匿名のメールである。

また、ネット上では「モスクを燃やしてやる」といった書き込みもあったことから、名古屋モスクでは初めて火災保険を契約した。

「いつも狙われているようで落ち着かない」

クレシは憔悴しきった表情を見せる。

人質殺害は確かにショッキングな事件だった。ＩＳの無慈悲で残虐な仕打ちに憤りを覚えるのは当然だ。

だが――。

「私たちだって怒っている。テロリズムなど許容できるわけがない」とクレシは強調する。

「多くのイスラム教徒は平和を望んでいる。過激派とは無関係であるのに、同じように見られてしまうことが残念でならない」

同モスクに通う別のパキスタン人は、営業先で「来るな」と追い払われたという。イスラム教徒であるだけで、テロ支援者のように思われてしまうのだ。

▼「イスラモフォビア」台頭の脅威

いうまでもなく、多くのイスラム教徒はテロと無縁に暮らしている。当然のことだ。イスラムの教義においては本来、殺人も自殺も禁じられているのだ。

だが、2001年に米国同時多発テロ、いわゆる「9・11」が発生して以降、世界各国でイスラム教徒に対するネガティヴなイメージが、定着してしまった。

とくに昨今、ISなどによるイスラム過激派のテロが繰り返されるなかで、反イスラム感情は高まる一方だ。

欧州では〝イスラム排斥〟を掲げる極右政党や政治家の支持率が上昇している。排外主義は、ある種のポピュリズムとして受け入れられるようになったのだ。

2015年1月に起きたパリにおける週刊紙襲撃事件の直後、オランダの極右政党「自由党」のヘールト・ウィルダース党首は、「イスラムとの戦争だ」と煽ったうえで次のように発言している。

「社会のイスラム化がこのような事態を招いた。すべてはコーランに触発されたものだ」10年以上も前であれば「差別主義者」として世間の指弾にあっていただろう。しかしいま、オランダ自由党は過去最高の支持率を獲得している。

ドイツでは数万人規模の「反移民デモ」がおこなわれた。

移民に寛容と言われてきたスウェーデンでも、モスクの焼き討ちが相次いでいる。

そしていま、「イスラモフォビア」（イスラム教徒への嫌悪感）は、じわじわと日本国中にも広がりつつあるのだ。

嫌がらせ電話やメールが送りつけられたのは、名古屋モスクだけではない。国内各地のモスク、あるいは中東出身者個人に対しても「出ていけ」「テロ組織」といった罵倒が寄せられている。東北に住んでいるアラブ人留学生は、「イスラム圏の人間には部屋を貸さない」とアパートの入居を拒否された。

日本で活躍しているイラン出身の女優、サヘル・ローズも「イスラムは出ていけ」といった手紙を受け取ったことを明かしている。彼女は自らがＤＪを務めるラジオ番組で「悔しくて仕方ない」と話した。

むろん、偏見は今に始まったものではない。

前出のクレシには苦い思い出がある。

5年前。次男が小学校6年生の時だった。学校でクラスメイトが次男をからかった。

「お前、腹に爆弾巻いてる？」

クラス中がどっと沸いた。担任の教師も一緒になって笑っていた。周囲の誰一人、次男をかばうものはいなかった。

次男は何も言い返すことができなかった。それ以降、次男は一時、不登校になってしまったという。

「うちの子の事例は氷山の一角かもしれません。日本で生活している中東出身者や、その子どもたちの多くが同じような嫌がらせに遭っているのではないでしょうか。特に子どもはどんなにひどい言葉を投げつけられても、言い返すことができません。多くの場合、黙っているしかないのですよ」（クレシ）

否定できない出自・属性への攻撃によって当事者に恐怖を抱かせ、さらに反論の機会をも失わせる沈黙効果。ヘイトスピーチは、こうしてマイノリティから言葉や表現を奪っていくのだ。

▼「ムスリム監視」

ところで、国内のイスラム教徒は、嫌がらせから自分たちを守ってくれるはずの警察に対しても不信感を持っている。

「警察は、我々を保護するという名目で監視しているのではないか」

あるモスク関係者は疑心暗鬼から逃れることができないでいる。

警視庁が収集したイスラム教徒の個人情報が流出したのは2010年のことだ。公安部外事三課などが作成した捜査資料114点が、ファイル共有ソフト「ウィニー(Winny)」を通じてインターネットで拡散されたのであった。

この捜査資料によれば、監視対象とされたのは「言動、服装等からムスリムと認められる者」約1万2000人である。警察官は「安価な住居」「外国人を雇用している企業」「イスラム諸国出身者が経営する店舗」「学生寮」、さらには金融機関やホテル、様々なイスラムコミュニティーなどを巡回し、氏名や生年月日、旅券番号、出入国記録といった個人情報を収集していた。

また2008年の洞爺湖サミット開催前には、捜査員43名による「モスク班」が組織されている。東京都内すべてのモスクが監視対象となり、昼夜を問わず、出入りする人間の「面割り」が行われていたのだ。

さらに警視庁はレンタカー会社や金融機関とも連携し、利用者情報や給与振り込み履歴などの提供を受けていた、とする記録も流出文書の中に含まれていた。

まさに「ムスリムを見たらテロリストと思え」といった監視体制である。

2014年にジュネーブで開催された国連人種差別撤廃委員会でも、この異常ともいえる「ムスリム監視」に対し、各国委員からは疑問の声があがった。

委員の一人は日本政府代表団に次のように質問している。

「ムスリム監視調査は単なる情報収集だけなのか、それともテロを疑っての情報収集なのか。アメリカは、監査活動の対象となった人たちに陳謝した。自由が保障された国で、このような警察活動をすることは何を意味するのか」

これに対し、日本側の回答は、いわゆる役人答弁に終始した。

「警察は、他の国と同じように警備上の必要がある場合は監視活動を行う。対象が特定の宗教に関わることはない、ムスリムということで監視対象とすることもない。どのような方でも、日本人も外国人もすべて、警備上の必要から監視することはある。ムスリムであるからということはない」

予測された内容ではあった。この眠たくなるような回答を会場で聞きながら、私は「わが国には深刻な差別は存在しない」という〝基本路線〟から絶対に逸脱をしない日本政府の頑なな姿勢に感心するしかなかった。

⑧「すべての外国人の入国を禁止せよ！」

（２０１４年１月19日、埼玉県川口市・蕨市）

▼ハーケンクロイツが翻る排外デモ

そのデモが開催されたのは２０１４年１月だった。ネット上に掲載された告知文には次のように記されていた。

〈中国人ほか外国人の入国全面禁止要求デモ

「混ぜるな危険!!」

（混血阻止の三カ条）

帰化制度廃止！

国際結婚禁止！

同化主義反対！

【ヘイトスピーチ・フリータイム】

言いたい放題、書きたい放題！

拡声器、プラカード、旗、ノボリ類の持ち込み、大歓迎です。
※日本人による日本人のためのデモであるため、チベットやウイグルなど他国の国旗の持ち込みはご遠慮下さい
※例外的にナチ党旗・ハーケンクロイツは認めます〉

デモの開催地となったのは、埼玉県川口市から蕨市にかけての地域である。

主催者は「外国人犯罪撲滅協議会」となっているが、この日のデモに合わせて結成された即席団体であり、内実は在特会など差別デモの常連者たちによるものだった。

デモ当日、沿道は「差別反対」を訴える市民たち、いわゆる「カウンター」で埋め尽くされた。

「くだらないデモをやめろ！」

「レイシストはさっさと帰れ！」

デモ隊のシュプレヒコールをかき消すような怒号が飛び交う。

この地域で差別デモをおこなう以上、それは当然の反応だった。西川口・蕨一帯は、在特会に飛躍を促した「カルデロン一家追放デモ」が開催された場所でもある（第1章参照）。14歳の少女が通う中学校前において名指しで「出ていけ」とわめき散らした同デモは、その過激さゆえに在特会員の急増を招いたが、同時に地域の怒りを買った。排外主義者の存在を内外に知らしめる結果ともなったのである。

沿道から「奴らを通すな」という声がデモ隊にぶつけられるのも、自然な成り行きであった。

だがこの日、詰めかけたカウンターの怒りに火を注いだのは、この手のデモでは見慣れた日章旗のみならず、ナチスドイツのシンボルであるハーケンクロイツ（かぎ十字）の旗が持ち込まれたことである。

大型のハーケンクロイツをマントのように背負っていたのは、胸に「除鮮」なるワッペンをつけた男性だった。

これが目に飛び込んできた際には、私も唖然とするしかなかった。確かに告知文には

「例外的にハーケンクロイツを認める」との文言はあったが、まさか本当に持ち込む人間がいるとは思わなかったのだ。

「頭おかしいのか！　いますぐその旗を引っ込めろ！」

カウンターからは何度も罵声が発せられるが、当の持ち主は平然とデモの先頭を歩くばかりである。

「外国人入国禁止」なるデモの主題にハーケンクロイツは、さすがにわかりやすすぎる。これでナチスによるユダヤ人虐殺を連想しない人間がいたら、そのほうが異常だ。

デモ主催者の一人である有門《ありかど》大輔（40歳）は、この日のハーケンクロイツに関して、ブログで次のように記している。

〈ハーケンクロイツを掲げたのはヘイト・スピーチだとする罵声に対する我々からの回答であり、ますます深刻化する一方の共生社会に対する警告でもあった。最初から、それぞれの国に分かれて暮らしていれば軋轢も争いも起きない。

日本人である以上は異民族・外国人との共生主義であってはいけない。共生主義者であるということは日本人をやめたことと同義である〉

彼からすれば自覚的に「排外主義」を貫いたということになるのだろう。

有門は大阪出身で、サラリーマン生活を経て、1990年代初頭に政治活動に参加した。きっかけは、テレビのドキュメンタリー番組だった、と私に答えたことがある。外国人追放を訴える極右団体をテーマにした番組を見たことで、有門の中で〝民族的反抗心〟が膨らんだのだという。当時、彼が住んでいた大阪の工業地帯では、中東からの出稼ぎ外国人が急増していた。

「このまま外国人が増えていったら日本はどうなってしまうのか、といった不安があった。いずれ日本が外国人に乗っ取られてしまうかもしれない、という危機感を抱えていました。そんなときにテレビのドキュメンタリーを見て、いてもたってもいられなくなったのです」

有門はボストンバッグひとつを抱えて上京し、テレビで紹介されていた極右団体を訪ねた。団体の名は「国家社会主義者同盟」という。文字通り日本版ネオナチである。当時この団体は中東系外国人の排斥を訴え、かぎ十字をあしらったビラを各地に貼り出すなどの運動で知られていた。

そのころの団体幹部のひとりが、後に極右ブロガーとして知られるようになる瀬戸弘幸だった。有門は瀬戸の書生として活動実績を重ね、2004年に自らが代表となって「N

ＰＯ外国人犯罪追放運動」を立ち上げる。

以来、在特会にも会員として加わり、外国人排斥運動の先頭を走るようになったのである。

そんな有門だからハーケンクロイツに抵抗はない。むしろ排外主義の輝かしきシンボルだと思っている。たとえ同じ右派に属する他団体から「ハーケンクロイツは違うだろう」と指摘されても、気に留める様子はない。

「私が目指しているのは当然、排外主義ですよ。日本は確実に外国勢力に侵食されつつあります。とくに朝鮮人とシナ人の跳梁跋扈《ちょうりょうばっこ》は許しがたい。外国人でありながら日本人と同じ公共サービスを求め、それればかりか既得権益までつくろうとしている。外国人は日本を食い物にしているだけ。しかし政治家も既存右翼も何ら有効な手を打つことができない。だからこそ我々だけでも明確に排外主義を打ち出し、危機感を持って対峙するしかないんですよ」

その有門がこだわるのは、外国人集住地域における〝排外活動〟である。先のデモが川口、蕨一帯でおこなわれたのも、数年前の「カルデロン一家追放デモ」の舞台であったことだけが理由ではなく、そこが外国人住民急増地域として注目されていることも大きい。

なかでも有門が排外のターゲットとしたのが、「団地」である。

▼外国人とは「共生」ではなく「分断」

高度成長期には〝中流の証〟でもあった団地は、今世紀に入る直前から世帯主の高齢化が進み、限界集落と化しているところも少なくない。そこへいま、新住民として流入してくるのが、ニューカマーの外国人である。

川口市のUR都市機構・芝園団地――15階建ての居住棟が、まるで切り立った屏風岩のように連なる。地元では皮肉混じりに「万里の長城」と呼ぶ人も少なくない。

全2400世帯という大型団地だが、うち3分の1強を占めるのが中国人世帯である。

「30年前に入居したときには外国人の姿など見かけることはなかった。それがいつのまにか、隣近所が中国人ばかりになっていた」

そう話すのは60代の団地住民である。

たしかに団地内を歩いてみると、ほのかに漂うのは中国の空気だ。

中国語が併記された案内板や貼り紙。日本語がほとんど通じない団地商店街の中国雑貨店。子を叱る母親の声も井戸端会議も、耳を澄ませば飛び込んでくるのは中国語ばかりである。

先の住民が観念したように言う。

「人口比では、まだ日本人が多いけれど、そのほとんどは60歳以上の高齢者。中国人は世帯主が30～40代というファミリー層が中心。主役はむしろ、あちらさんです」

一方、公園で談笑している中国人の子連れ母親グループに話しかけると、弾んだ声が返ってきた。

「ここは友達もたくさんいる。とても住みやすいところです」

旧知の中国人ジャーナリスト・周来友によると、芝園団地で中国系住民が急増したのは10年ほど前からだという。

「都心に近く、家賃に比して間取りも悪くない。しかもURは収入基準さえ満たしていれば、国籍に関係なく入居できる。都心の企業へ通勤するホワイトカラーの中国人を中心に、口コミで〝芝園人気〟が一気に広がったのです」

IT企業に勤務する曾科《ツォンカ》(38歳)もそのひとりだ。1998年に留学生として来日し、大学卒業後にいまの会社へ就職した。当初は民間マンションに住んでいたが、中国人仲間から評判を聞いて芝園団地へ転居したという。

「礼金や更新料が必要ないところが魅力。民間マンションのように外国人だからと入居審査でハネられることもない。そのうえ芝園は都心へ近いわりには環境が整っています。団地内には大きな公園やテニスコートまである。何よりも同胞が多いので心強い。ウチの妻も転居してすぐに中国人の〝ママ友〟ができたので、とても喜んでいました」

中国系住民の増加によって、団地近隣には中国人経営の商店やレストランも増えた。利便性は高まる一方だ。

当然、リアクションもある。こうした状況に対し、一部メディアが「チャイナ団地」「中国人の増殖」といった内容の記事を掲載したことが、日ごろから「反中国」の運動を展開している右翼系団体を刺激した。

その一人が有門である。排外主義者として傍観するわけにはいかなかったという。

彼はまず「人口侵略実態調査」と称し、同団地に仲間を20名引き連れて押しかけた。

「調査してわかったのは、芝園団地はもはやシナ人の自治区になっているということ。日本人住民の影は薄く、シナ人ばかりが幅を利かせている。住民からは治安悪化を危惧する声も聞いた。今後もシナ人の増殖が続けば、日本人が足を踏み込むことのできない無法地帯になってしまうのではないか」

本当にそうなのか。私もその後、取材を重ねた。

日本人住民の一部が不満を漏らしているのは事実だった。「中国人は騒々しい」「ゴミ出しのルールを守らない」「階段やエレベーターで大小便をする者がいる」――。主に年配の住民たちから、このような声を聞いた。なかには「中国の人ばかりが増えて、なんとなく怖い」と声を潜めて話す老婦人もいた。

だがその一方で、「メディアや右翼が騒ぐほどの問題はない」と言い切る日本人住民も、実は少なくなかった。

「この団地は広い中庭があるので、昔から近隣の不良少年たちのたまり場になっていますが、そうした悪ガキのいたずらを、中国人の仕業だと喧伝する住民がいる。少し前のことですが、夏祭りの前夜、盆踊り舞台の提灯が壊されるという事件が起きたが、犯人は団地外に住む日本人の中学生グループだった。しかし、中国人がやったに違いないというウワサが、あっという間に流された」（70代の住民）

また、団地内にある芝園公民館の職員も言う。

「中国人が多いというだけで、色メガネで見られている部分があると思います。たとえば大小便の問題などは、調べてみたら犬の糞だった、ということもあった。生活習慣の違いはあるでしょうが、中国人だって団地生活も長くなれば、ルールは覚えてくれていますـ」

ただ、前出の曾は、誤解の元となるような行為が、一部中国人にあることも認めている。

「少数ではあるけれど、部屋を又貸ししている同胞がいるらしい。そうした部屋に住む中国人は短期間しか滞在しないので、たとえばゴミ出しのルールを守るといった自覚がない。これに対しては中国人の間でも怒っている者は多い」

小さな誤解やトラブルが、人種の壁を築いてしまうことはある。

「むしろ問題なのは、両者が互いに無関心であること」と話すのは、団地内に店を構える日本人商店主だ。

「人種間というよりは、世代間のギャップなんですよ。高齢者ばかりの日本人と、働き盛りの中国人では、どうしたって交流の機会が少なくなる。接触がなければ、相互理解だって進まない」

結果、なにかのはずみで、憎悪や不寛容も芽生えてくる。

有門はそこへ、一足飛びに「排外」を持ちかける。「そもそも共生などありえない」というのが彼の主張なのだ。

だからこそ日章旗とハーケンクロイツで、地域の外国人を威嚇する。共生ではなく分断を仕掛ける。小さな亀裂を大きく広げる。憎悪と偏見を最大限に利用し、「外国人は出ていけ」と叫び続けているのだ。

▼日系ブラジル人少年の悲劇

こうした小さな「相互不理解」は全国に点在している。そして、ときには外国人新住民と地域の間で深刻な対立が起きることもある。

日系ブラジル人の取材で、いまでも私が時折足を運ぶのが、愛知県豊田市の保見《ほみ》団地だ。全住民約8000人の半数近くが、ブラジル人をはじめとする日系南米人である。

団地内を歩けば、行き交う人の多くが南米系の彫りの深い顔立ちをしている。耳に飛び込んでくるのは情感豊かな響きを持つポルトガル語とスペイン語だ。団地内の看板も、日本語とポルトガル語が併記されている。ショッピングセンターのなかで最大の売り場面積を占めるのは、ブラジル食品の専門店である。

保見団地に日系ブラジル人が暮らし始めるようになったのは、入管法改定によって日系ブラジル人の無期限就労が可能となった1990年からだった。周辺の自動車関連企業へ通勤しやすいという地の利の良さと、民間マンションと比較して安い家賃が、ブラジル人を引き寄せた。また、派遣会社もブラジル人のための寮として、大量に部屋を押さえるようになった。

そうしたなかである〝騒動〟が起きた。

1999年のことである。

日本の右翼団体、暴走族と、保見団地のブラジル人が対立、暴動寸前の事態にまで発展し、機動隊が出動するという騒ぎになったのだ。

きっかけは些細なトラブルだった。深夜、団地内に出店するラーメン屋台で食事をしていた日本人の若者グループが、たまたま通りかかったブラジル人の少年をからかった。すると少年は仲間を呼び寄せ、日本人グループと殴り合いのケンカとなった。

翌日、今度は「仕返し」と称して、鉄パイプや木刀で武装した日本人グループが、前夜のブラジル人グループを捜し始めた。結局、目指す相手を見つけることはできなかったが、腹いせにブラジル人が乗っていた車を鉄パイプで滅多打ちにした。

騒動は続く。数日して、右翼団体の街宣車と、数十台のバイクを連ねた暴走族が保見団地にやって来た。「ブラジル人を叩き出せ!」と大音量でがなりたてた。

その翌日夜には、保見団地に停めてあった右翼団体の街宣車が、何者かに放火されて炎上した。

右翼団体は「襲撃犯を一掃する」としてメンバーや仲間の暴走族を保見団地に結集させた。これに対抗する形で、近くの駐車場にはブラジル人の少年たちが続々と集結し、一触即発の状態となった。県警の機動隊が出動し、両者の間に割って入った。マスコミも駆けつけた。上空からは県警のヘリコプターがサーチライトで〝両陣営〟を照らし続けた。まるで「戒厳令」のようだったと証言する住民もいた。

機動隊によってどうにか衝突は避けられたものの、これをきっかけに、しばらくは右翼団体による〝保見団地街宣〟が続くことになった。

衝突の予兆は、この騒動の前からあったという。豊田市内の繁華街では、ブラジル人、日本人双方の不良少年グループによるケンカが続発していた。どちらが悪いといった問題ではないが、大人の社会における摩擦と軋轢が、そのまま子どもたちに反映されたのではないかと思われる。

ちなみにこの騒動直後、保見団地に住む日本人住民の一部は、「これ以上、外国人を入居させないでほしい」と、住宅公団や県に申し入れをおこなった。「ブラジル人は厄介者」といった意識が日本人住民の間に一気に浸透した。

実は、保見団地での騒動より少し前には、同じ愛知県内でさらに悲劇的な事件も発生している。

1997年10月。小牧市で、日系ブラジル人の少年エルクラノ君が集団リンチを受け、死亡するという事件がおきた。

同市ではブラジル人を中心とする少年グループと、日本人少年グループが対立状態にあった。あるとき、ブラジル人グループにゴルフクラブなどで車を叩かれた日本人グループが、報復に打って出る。

日本人グループが小牧駅前で警戒している際、偶然そこにいあわせたエルクラノ君が彼らに拉致されてしまう。エルクラノ君自身はどちらのグループともまったく関係を持っていなかった。彼はただ「ブラジル人である」といった理由だけで連れ去られたのだ。

その際、彼は近くにいた駅員などに助けを求めている。

事件を取材したルポライター西野瑠美子の著書『エルクラノはなぜ殺されたのか』（明石書店）によると、彼は「助けてください！」と必死で駅員の腕にしがみついたという。

しかし日本人少年グループは「こいつらは悪い奴です。悪いことをしたから仕方ないです」と、エルクラノ君の腕を無理やり駅員から引き離した。駅員は事情を聞かなかったばかりか、「他のお客さんに迷惑がかかる。早く出て行きなさい」とエルクラノ君の訴えを無視したのであった。駅員だけではない。その周囲には多くの駅利用者がいたにもかかわらず、誰一人として助けの手を差し伸べる者はいなかった。

拉致されたエルクラノ君は、公園で二十数名の少年たちから集団リンチにあう。

「なんで日本にいるんだ」

「ブラジルに帰れ」

彼は木刀で殴られ、バタフライナイフで切り付けられた。そして殺害された。ブラジルどころか、両親が待つ家に帰ることさえできなかった。

エルクラノ君はブラジル人であるがゆえに殺されたのだ。

差別と憎悪のなかで起きた、完全なヘイトクライムである。人種による分断は、こうした悲劇さえ生み出しかねない。

いま一度振り返ってほしい。私たちの社会は関東大震災の際にはジェノサイドを、そしてつい20年前にはヘイトクライムを、記憶として抱えているのである。差別や偏見が命を奪うことを知っている──はずだった。

でありながらいま、ヘイトの嵐は各地で吹き荒れている。

ユダヤ人虐殺を鼓舞するために用いられたハーケンクロイツが、愛国の名のもとに打ち振られる。

川口だけじゃない。その後も上野で、池袋で、葛西（江戸川区）で、外国人排斥を訴えるデモにおいて、ハーケンクロイツの旗が翻った。「出ていけ」「帰れ」「追い出せ」といった絶叫とともに。

第5章　ネットに潜む悪意

▼SNS経由で直接攻撃

悪意と嘲笑、そして憎悪——ネットの中を徘徊しているのはヘイトスピーチという名の妖怪である。

ネットの掲示板で、ツイッターなどのSNSで、まるでそれが仕事でもあるかのように、差別的な言葉を執拗に書き連ねる者は後を絶たない。

東北地方に住むSという男もそうだった。

自らのプロフィール欄にわざわざ「朝鮮人虐殺」などと記す彼は、ツイッター上で在日コリアンのユーザーを発見しては、昼夜を問わずただひたすら差別と偏見に満ちた醜悪なメッセージを送りつけていた。自称〝ネトウヨ界のカリスマ〟という有名人でもあった。

たとえば、次のようなツイートを彼は毎日のように書き込んでいた。

〈在日は踏み潰されても気持ちの悪いヒゲだけ動いているゴキブリ〉

〈在日は虚言妄言の精神病。頑張っても糞食い人種は糞食い人種だ〉

〈不逞鮮人は日本から出ていけ〉

〈在日こそ人殺し。在日殺すぞ！〉

〈朝鮮民族を絶滅させよ！〉

人間性が疑われるレベルの書き込みだ。

なかでも女性をターゲットにしたときは、より居丈高に、そして下劣なツイートを送り付けた。民族差別的な罵倒に、性差別が加わる。容姿を貶め、ときに卑猥な言葉を交えて在日女性を罵った。おぞましい画像を送り付けられた在日女性も少なくない。しかも心無いネトウヨの〝同志〟がそれを囃し立て、彼を愛国者のごとく持ち上げるものだから、当人はますます図に乗るのだ。Sは賞賛と扇動を燃料にネット上で〝大暴れ〟した。

彼のツイッターには何千人ものフォロワーが付いていた。そのなかには保守派を自称する有名ジャーナリストや評論家もいた。在日コリアンに向けられた醜悪なツイートは日々、フォロワーによって拡散されつづけた。

Sから受けた〝被害〟を警察に相談した人も少なくはない。だが、顔も名前も所在地もはっきりしないネット上の匿名アカウントに対し、警察は動こうとはしなかった。「まあ、口喧嘩みたいなものでしょ」と相談先の警察官に軽くあしらわれた女性もいる。結局、被害者は泣き寝入りするしかなかったのである。

議論も口論も、対等な力関係のなかでおこなわれるのであれば問題ない。しかし、ヘイトスピーチは社会における力関係を利用して、マジョリティがマイノリティを一方的に傷つけるものである。こうした認識に欠ける警察には、往々にして深刻な被害の訴えが伝わらない。被害者の多くは法的救済を受ける機会もなく、その後もSのヘイトスピーチを浴び続けることになった。

しかし一部の被害者はあきらめなかった。せめてSの所在だけでも明らかにしたいと考えた。

ネット上のヘイトスピーチがやっかいなのは、匿名性が保たれているからである。悪質なヘイトスピーチの担い手たちが実名を明かしているケースは皆無に等しい。そればかりか大半は、年齢も住所も勤務先もわからない。自分だけは物陰に身を隠しつつ、他者を罵倒、攻撃する。実に卑怯極まりない。そんな連中が「愛国者」だの「大和魂」だのと国士気取りなのだから笑わせる。

▼匿名の悪意を突き止める

さて、在日コリアンの女性たち数人からなる被害者グループは、持てる知識を総動員し、彼に関するあらゆる情報をかき集めた。ツイッターはもちろんのこと、彼が書き込みをしたと思われる掲示板、保守系サイトなどを虱潰《しらみ》しにチェックし、その「痕跡」を追った。政治的な側面だけから調査したわけではない。趣味、嗜好、食生活に至るまで、いわばプロファイリングを重ねたのである。

そこで人物像と、おおまかな居住地域が浮かび上がった。

女性たちのひとりから私が連絡を受けたのは、2013年の秋だった。

「なんとか探し出してほしい」

そんな言葉を添えて、ネット上におけるSの「痕跡」をまとめた資料が、私のもとにメールで届いた。一面識もない私に「ネタ」を渡してくれたのは、それまでの著作で私の姿勢を信頼してくれたからだという。

私はそれらの資料を手掛かりとして、ヘイトスピーカーを探し求めた。東北の田舎町に何度足を運んだことだろうか。詳述は避けるが、浮かび上がった人物像を頼りに、飲み屋街や住宅地で聞き込みを重ねた。何度もあきらめかけたが、そのたびに女性グループが新たな資料を送ってくれた。どんなに匿名性を保とうとしても、人は必ず痕跡を残す。それを彼女たちは見逃さなかった。

そうした協力があったからこそ、私はついにヘイトスピーカーSの所在を突き止めた。2014年1月のことだ。とある飲み屋で「極端なまでに韓国人嫌いの中年男性がいる」との話を聞いたことがきっかけだった。調べてみると、その男性の物言いはツイッター上のヘイトスピーチとまったく同じだった。

50代後半のIT技術者である。かつては地元でプロバイダー業を営んでいた。だが、商いは思うように捗らず、現在は無職同然だった。

「市内の雑居ビルに事務所を構えていましたが、そこも家賃の滞納で追い出されてしまう始末でした。金には困っていたようですね」（Sの知人）

その後、Sは人気ソフトのプロダクトキーの違法販売にも手を染めるが、商いとしては失敗している。

また、ネット上では豪邸に住み、高級外車を乗り回しているなどと書き込んでいたこともあったが、それらは単なる〝吹かし〟に過ぎなかった。もちろん、その程度の法螺話はどうでもいいことだ。問題視すべき彼の〝罪〟は、攻撃的なネットの書き込みによって、人を傷つけていることにある。

それにしても、ヘイトスピーカーの正体が還暦間近の人間であることに暗澹とした気持ちとなった。ネット上の悪辣な書き込みは「若年層によるもの」といった見方が世間的には広がっているだろうが、取材を進めてみるとけっしてそうではないことに気づく。中高年世代がヘイトスピーチの使い手である事例も、じつは少なくないのだ。

▼「30分後に来てくれ」は翻意か、罠か

さて、私は少しばかり高価な日本酒を手土産に、Sの住むアパートを訪ねた。私の目的は彼を恫喝するためでも、脅すためでもない。なぜヘイトスピーチを繰り返すのか、その理由を聞いてみたかった。そしてできるならば、在日女性に対する攻撃をやめてもらえるよう頼むことにあった。だからせめて酒でも一緒に飲みながら話すことはできないか、と思ったのだ。

だが、結果からいえば、取材は見事に失敗した。

「帰れ！　なんで来たんだよ！　帰れ！」

Sはインタホン越しに怒鳴りまくった。

私が取材意図を告げようとしてもそれを無視し、ひたすら「帰れ！」と叫ぶだけだった。

しかたなく私は一度その場を離れ、近くの喫茶店に入った。私はSのツイッターアカウン

トに向けて、DMを送信した。

突然に訪問した非礼を詫び、あらためて取材を申し込んだのだ。

すると、意外な返信が届いた。

「30分後に来てくれ」

あれだけ激昂しながら、今度は自宅まで来いというのだ。気が変わったのか、それとも何かの罠か——いずれにせよ会ってくれるというのだから、私にとっては悪い話ではない。

私は、指定通り30分後に再訪した。

再びインタホンを鳴らすと、こんどはドアが開いた。しかし姿を見せたのはSではなく、制服姿の警察官だった。状況はすぐに飲み込めた。Sは「不審者に襲われそうになっている」とでも通報したのだろう。むろん記者稼業をしていれば、こうしたことは珍しいものではない。ましてや週刊誌屋にとっては日常茶飯事だ。

ドアが開いた際、一瞬ではあったが、警察官の後ろに立つSの姿が見えた。室内だというのに、なぜか彼はサングラスで顔を隠していた。私に顔を見られたくなかったに違いない。それにしても自室でサングラスとは、なんとも奇異な姿であった。

私はSに話しかけようとしたが、警察官はそれを制し、私を室外に押し出した。

私は警察官に身分を明かし、目的は取材であることを説明した。警察官は苦笑しながら「たぶん無理だと思うよ」と私に引き上げるよう促した。Sは部屋の中から「帰れ！」とわめき続けていた。

仕方がない。相手が嫌だと言っているのに、敷地内に留まれば不退去罪だ。

私はアパートを後にし、その日のうちに帰京した。

▼「奪われた者」という意識

その後――間を置かずして、Sの反撃が始まった。

「安田が襲撃に来た」「朝鮮人を引き連れて自宅まで襲いに来た」などと、妄想まみれの言葉をツイッターで書き連ねた。

「安田対策」と称し、ネット通販で手錠や警棒型スタンガン、ボウガン、催涙ガススプレー、手錠などを購入し、その写真をネット上にアップするなど〝武装〟を整えたりもした。

その際、Sは次のような書き込みをしている。

〈催涙ガススプレーはほんとうにゴキブリのように警察が来るまで地面でのたうちまわり動けなくなるらしいです。そのあとスタンガンで狙い撃ち、手錠、もし逃げたらボウガン

を発射〉

それでも私はその後も幾度か取材を申し込んだが、Sはそれを拒むばかりか、私への誹謗中傷をエスカレートさせていた。もちろん、このままグズグズとツイッターで私への悪口雑言を書き連ねるだけであれば、それはそれで一向に構わなかった。私への憎悪が膨らむ一方で、得意のヘイトスピーチがおろそかになっていたからである。

しばらくして、Sから「スカイプで対決したい」との申し出があった。しかも、そのやりとりをニコ生（ニコニコ生放送）で中継したいのだという。私のみが顔出しで出演し、Sは音声のみという、いかにも「ネトウヨ」らしいアンフェアな提案ではあったが、私はそれに従った。

内容的には中身のあるものではなかった。Sはロジックも話芸もなく、自分から仕掛けたわりには、稚拙な罵倒を繰り返すばかりである。

「今後、朝鮮人がウチを襲いに来たらどうするんだ」と私の取材を非難し、「朝鮮人の反日思想こそが問題」だと自らの正当性を訴える。私が少しでも反論しようものなら、「やめてくれ」とわめくだけだった。

やたら「朝鮮人」を連呼し、自身のヘイトスピーチは「反日に対する抵抗」なのだと主張するSは、まさにネットの文言そのままに一本調子で何のひねりもない。

　唯一興味深く感じたのは、彼が在日コリアンを嫌悪するようになったきっかけとして「生活保護問題」を挙げたことにある。

　Sは興奮した口調で次のように述べた。

「朝鮮人が生活保護を受給できていることが許せない。日本では生活保護が受給できないことを理由に、年間1万人もの人が自殺している。それは朝鮮人などが不当に生活保護を奪い取っているからだ。つまり60年間で60万の日本人が朝鮮人のせいで死んでいる。いま日本に住んでいる朝鮮人と同じ数の人間が、これまで命を奪われてきたことになる」

　日頃から在特会などが主張していることでもある。

　在特会二代目会長の八木康洋（40歳）も街宣行動の際、次のような演説をしていたことがある。

「不況のなかで、みなさんは職をどんどん奪われている。しかも、生活保護を打ち切られた日本人も少なくない。すでにニュースなどでご存知の人も多いかと思いますが、生活保護を打ち切られ『せめて、おにぎりが食べたい』と言い残して餓死してしまった日本人もいるんです。こうした状況にもかかわらず、朝鮮人は生活保護をもらっているどころか、まだまだ足りない、もっと権利を寄こせと要求しているんです！ 生活保護を打ち切られた朝鮮人なんて聞いたことがありません。こんなバカなことがあるか！」

実にメチャクチャなロジックだ。

生活保護受給者の97パーセントは日本国籍の日本人であるし、餓死者が出たのは「朝鮮人」のせいではなく、行政の責任である。

しかしSも在特会も問題の本質を見ることなく、在日コリアンを攻撃することで、ヘイトスピーチの正当化を図っているのである。

Sの憎悪が、そうした「奪われた感覚」に基づいたものであろうことは、ぼんやりと理解できた。彼は自らが「奪われた者」「被害者」であると思い込んでいる。在日コリアンによって福祉を奪われ、歴史を奪われ、日本人の命が奪われ、さらに領土まで奪われたのだと信じている。

要するにネット上の真偽定まらぬ怪しげな言説に飛びつき、どうにか自我を保っているに過ぎないのだ。

Sに代表されるこのような「ネトウヨ」が、ヘイトスピーチの資源となっていることは間違いない。

ネット掲示板などを通じて「愛国」や「反在日」を呼びかけ、「朝鮮人は死ね」などと必死に書き込む者たちの存在は、インターネットが一般化した１９９０年代以降、急速に目立つようになった。当初こそ、ネトウヨはいわば変形型の「オタク」と位置づけられていた。匿名性を盾に差別的な言辞を繰り返す様から、〝攻撃的な引きこもり〟と揶揄されることもあった。

だが、今世紀に入ったあたりから、ひとつの「カルチャー」としてネット言論界の一角を占めるようになる。つまり一般化したのだ。

在特会広報局長の米田は私の取材に対し、その理由として「日韓ワールドカップ」と「小泉訪朝」の２つを挙げた。いずれも２００２年の出来事である。なかでもワールドカップは「ネット言論におけるエポックメーキングだった」とまでいう。

実際、当時の「２ちゃんねる」では、韓国選手やサポーターの一挙手一投足をあげつらったスレッドが乱立、いわゆる「祭り」状態となっていた。韓国側のナショナリズムに煽られ、日本人の一部もまた、眠っていたナショナリズムが刺激された側面はあったように思う。確かに韓国側サポーターのなかには極度に政治的な者もいた。日本が負ければ喜び、日本が勝てば日の丸を踏み潰すといった韓国側サポーターの姿に、憤慨した日本人も少なくはないだろう。その憤りを手軽に表明できるのが、ネットの世界だった。

ネットは間違いなく、ナショナリズム高揚をもたらす酵母菌の役割を果たした。

「小泉訪朝」は、もっとわかりやすい事例だった。このとき初めて、北朝鮮政府は拉致事件への関与を公式に認めた。在日コリアン社会にさえ震撼を与えたこの国家犯罪に対して、憤りを覚えなかった日本人は稀であろう。当然、ネット掲示板は北朝鮮に対する悪罵と怨嗟の声であふれかえった。

南（韓国）のナショナリズムと北（朝鮮）の犯罪——この2つを目の当たりにして、朝鮮半島だけでなく、在日コリアンに対しても、さらには日本と朝鮮半島の歴史的関係についても、庶民感情の中で「見直し」が進んでいく。

これが米田の言うネット言論の「エポックメーキング」である。

しかしその多くは政治的文脈から切り離され、弱い者イジメにも似た構造で暴走していった。「死ね」「殺せ」「追い出せ」——。在日コリアンなどに向けられたヘイトスピーチがネットにあふれることになった。

▼李信恵の闘い

フリーライターの李信恵は、ずっとそうした攻撃を加えられてきた。

彼女はもともとファッション誌などを舞台に活躍してきたライターだ。だが、２００６年ごろから韓国ニュースの翻訳を手がけ、さらには在日コリアンの日々の暮らし、差別問題などにもライターとして関わるようになってから、環境が一変した。

まるで彼女が在日コリアンの代表でもあるかのように、「嫌韓」の矛先が集中したのである。

朝、パソコンを立ち上げ、フェイスブックやツイッターをチェックした瞬間から、彼女の苦痛は始まる。

「チョンは差別されて当然。殺されて当然。だって人間じゃないんだもん」

「寄生虫」

「反日記者」

「朝鮮半島へ帰れ」

「朝鮮人を追い込んでやる」

パソコンの液晶画面は、たちまちこうした言葉で埋められる。

——つらくない？

私は何度も彼女にそう尋ねている。そのたびに李信恵は「全然」「なんともない」「もう慣れた」とそっけない返事を寄こす。

排外デモの現場を取材するたびに唇をかみしめ、ついには耐えられなくなってぽろぽろと涙を落としている彼女が「なんともない」わけがない。

デモ現場で「オマエみたいな朝鮮人はとっとと国に帰れよ！」と罵声を浴びせられている彼女を見たことがある。李は平然とした表情でやり過ごしていた。それがなおさら気に入らないのだろう。デモの隊列からは「帰れ！　帰れ！」とひときわ甲高い声が飛ばされた。

デモ隊が通り過ぎた後、彼女の姿は人目に付きにくい路地裏にあった。

肩が震えていた。下を向き、嗚咽を漏らしていた。

誰もいない場所で、彼女は一人で泣いていた。

私は声をかけることもできなかった。どうしてよいのかわからず、ただただ拳を握り締めることしかできなかった。

そして、実は彼女はたったひとりで闘ってもいた。繊細で泣き虫であるにもかかわらず、彼女は泣き寝入りはしていなかった。

悪質な書き込みが寄せられた場合、彼女はサイトの運営会社、警察のサイバー担当者に何度も被害を訴えている。その回数は100を超えているという。だが、どれだけ切実に被害を申し出ても、ほとんどはうやむやにされてしまうのが現状だ。

「相手が特定されていない」

「実際の被害がないと対応できない」

警察の回答は、いつもそのようなものばかりだった。「死ね」「殺せ」と言われていることじたいが「被害」であるはずなのに、「実際の被害」とはどういうことなのだろうか。警察としては、当事者が怪我を負ったり、殺されない限りは動けないということなのか。

それでも過去に一度だけ、彼女の被害届を端緒として、悪質なヘイトスピーカーが書類送検されたことはある。

在特会の会員で、28歳の会社員だった。

彼はツイッターで、李に対して脅迫的なメッセージを書き込んでいた。

〈良い朝鮮人も悪い朝鮮人も追い出そう。女性は殺そう〉

殺人予告、殺人教唆ともいうべき悪質な書き込みだ。刑事罰を受けるのは当然である。

ちなみにこの男は、警察に被害届が提出されたことを知った際、慌ててみずからの書き込みを削除している。そのうえで「ノリでつぶやいてしまった。反省する」と、形だけの謝罪ツイートを加えた。

つまり、男は「ノリ」で殺人を煽ったのだというわけだ。その軽さが余計に腹立たしい。

私はある右翼民族派の活動家から、こんな言葉を聞いたことがある。

「私自身、相手を殺すくらいのつもりで敵に突っ込むことがある。しかし、そのときは自分自身も殺されて当然なのだという覚悟を抱えるようにしている。自分だけが助かろうという気持ちを持ったままで『天誅』を叫ぶことはない」

私はテロを否定する。民族派の行動も支持しない。だが、殺人を示唆した以上、それなりの覚悟を要するのだという心情だけは理解できる。

だが、李を脅迫した男をはじめ、ネトウヨにはそうした覚悟をまったく見ることができない。

彼ら、彼女らにとって、ヘイトスピーチは娯楽であり、八つ当たりであり、ただの「ノリ」から発せられたものなのだ。あるいは人の命など、その程度のことによって左右されても構わないという、人生観の持ち主なのかもしれない。自分たちの「安全」さえ確保できれば、何を言っても構わないと思っているのだ。これがネットを「戦場」とする国士の佇まいである。

　2014年8月、李は在特会と同会の桜井誠会長（当時）、まとめサイトの「保守速報」に対し、損害賠償を求める訴訟を大阪地裁に起こした。

　桜井はニコニコ動画や街頭宣伝、さらにはツイッターで、継続的に李への攻撃を続けてきた。

「あの天下の李信恵さんですね。ご存じの通り、立てば大根、座ればドテカボチャ、歩く姿はドクダミ草」「李信恵さんを称える市民の会でございます。今日はようこそいらっしゃいました。李信恵さんね、私はあなたに一つだけ感謝をしていることがある。みなさんここにいる朝鮮人のババアね、反日記者でしてね、日本が嫌いで嫌いで仕方ないババアは、そこのピンク色のババアです」

　こうした言葉を公衆の面前で叫びながら、よくも市民団体の代表を名乗ることができたものだ。

　また、まとめサイトの「保守速報」は、「在日朝鮮人だから追い出せ」「北朝鮮の工作員」などといった言葉をあえて2ちゃんねるなどの掲示板から選択し、それを引用した。

　どちらも悪質さは変わらない。

李は外国特派員協会で行われた記者会見において、提訴理由を次のように話した。

「提訴した理由は2つあります。一つはネット上のヘイトスピーチに対してです。自分自身もネット上のヘイトスピーチに苦しめられており、とりわけネット上の匿名掲示板、2ちゃんねるなどの差別発言を選択、抽出し編集し『出て行け』『死ね』などを強調し加工したまとめサイトはひどいものでした。

特定の個人や団体に対し、誹謗中傷だけで仕上げた記事は、ネット上に渦巻く個人の差別感情を後押しし、煽動するものでしかないと思っています。また、その標的になった場合、多くの一般の人には自分を守る術がありません。抗議しても個人はきちんと取り合ってもらえないことが問題だと思っていました。

さらにネット上でヘイトスピーチをまき散らし、在日朝鮮人や外国人、女性、LGBT（レズビアンやゲイ、バイセクシャル、性同一性障害などの性的マイノリティ）に嫌がらせをする人がそうであるように、まとめサイトの管理人の多くが匿名です。自分自身は安全な場所にいて差別をあおり、それを商売にする。そのことも許せないと思っていました。ネットに匿名はない、調査すれば特定できる、差別や誹謗中傷は訴えられるということがわかれば、再発防止につながるのではないかと考えました。

もう一つはネット上にとどまらない、ヘイトスピーチ、路上に飛び出した行動する保守団体の責任を問いたいと思っていました。

（在特会の）代表は、まとめサイトの管理人と同様、自らは安全な場所にいて若者らの憎悪をあおり、将来を曇らせた。京都朝鮮第一初級学校を襲撃し、多くの保護者や子ども、教員の心を傷つけました。しかし、代表者個人としてはいまだ何の責任も問われていません。その後も在特会らは反省もないままに、道路使用許可と表現の自由の名の下に、毎週のように差別の煽動活動を続けています。日本には差別を裁く法律はなく、名誉毀損や侮辱にしても、刑事事件の告発は、とてもハードルが高いです。

ライターである以上、ペンで戦うことも考えました。記事を何度も書き、取材にも毎週のように通いました。しかしペンを持たない普通の人たちはいったいどうするのか。被害者を守ることはどうすればできるのかとずっと考え続けていました。路上でネット上で声も上げられず黙らされているのは一体誰なのか、ということを、ずっと今も考えています」

いまも裁判は継続中だ。私を含め、多くの人が彼女の裁判を支援している。

一方で、この提訴を快く思わないネトウヨからのバッシングも、いまだ続いている。

たとえば大分県在住の高校教師は、自らのフェイスブックに次のような書き込みをした。

〈極左の信恵と極右の桜井は無人島かどこかで殺しあえ。日本からゴミがなくなったら美しくなる〉

この教諭からすれば「どっちもどっち」だとしたいのだろうが、そのような思考は教育者としても人間としても、欠陥以外のなにものでもなかろう。

この教師は、クラスでいじめられている生徒を前にしても、「キミにもいじめられる原因があるのだから我慢しようよ」と声をかけるのだろうか。

李信恵は抗弁できない「在日」という属性をもとに、極めて不均衡な形で罵声を浴びせられてきたのだ。ヘイトスピーチはいつだって一方的なものなのだ。

結局、李や弁護団が当該高校に問い合わせをしたことで、教師本人の下劣な書き込みは止まった。

だが、素性のわからぬ匿名の攻撃は、いまなおネットにあふれている。

第6章　膨張する排外主義

▼「上村君の弔い合戦」という詭弁

2015年3月14日、JR川崎駅前。警察官にガードされながら帰路を急ぐ初老の男を、私は呼び止めた。

――すみません、話を聞かせてください。

しかし男は私を一瞥しただけで、ぷいと横を向いた。かまわず、質問をぶつける。

――今日のデモ。あれはいったい何を訴えたかったんですか？

「そんなこと自分で考えろ！」

男の怒声が響き渡る。デモを終えたばかりで、まだ興奮状態にあるのかもしれない。私はもう一度同じ質問を重ねた。

――何を訴えたかったんですか？

「答える必要があるのか！」

――そう思いますよ。あなたはデモの主催者なのですから、説明する義務はあるでしょう。そして私には聞く権利があります。

「うるせえ、風俗ライターの分際で！　つきまといはやめろ！」

私はかつてお色気グラビア満載の週刊誌で記者をしていた。彼はそれをバカにして、言い返したつもりになっていたのだろう。

それから先、男は何を聞いても「うるさい」「帰れ」と怒鳴りちらすだけだった。要するに主催者が説明することさえできないデモだった、と考えるしかない。

この日、約50人が参加したデモは「反日を許すな！　川崎デモ」と銘打たれていた。

男はネット上で次のように告知していた。

〈川崎　中1殺人事件。
『とても日本人では考えられない【残虐な殺人事件】の発生』
これは、神奈川県教育委員会が、反日勢力の言いなりに、【ガキ共を野放し】にした結果である。一方で、神奈川県教育委員会は『人権教育グループ』なる連中が『外国人県民の権利』などと意味不明、違法、無法プロバカ《(ママ)》ンダで【日本人差別】を行っている。

そして、上記を扇動する『福田川崎市長・神奈川新聞・共産テロリスト・反日半島勢力団体・プロ市民』

神奈川県は反日の巣窟である。

我々日本人は、上記の様な者共を絶対許さない。
我々『行動する保守』は【反日保守：自民党神奈川県議会議員団】も絶対に許さない！〉

これまでにも川崎では何度か、この男が主催者となって「排外」を主張するデモがおこなわれている。同市が関東でも有数の在日コリアン集住地域であることが大きい。毎回、デモ参加者は「在日を川崎から追い出せ」といったシュプレヒコールを繰り返しながら、同時に多文化共生政策を進める川崎市政を批判していた。

そして2015年2月に、事件は起きた。13歳の少年は、年上の少年グループからリンチを受け、無残にも殺された。許しがたい凶行である。

だが、差別デモの常連たちは、この事件を最大限に利用した。川崎では外国人によって日本人が追いつめられているのだと、外国人への憎悪を煽った。

主犯少年の母親が外国人であり、父親もまた外国人の家系であったことから、当初からネット上では「外国人叩き」の文言が飛び交っていた。待ってましたとばかりに差別主義者たちが街頭で跳ねまくることは予想できた。

デモの前段集会で、主催者の男は次のように声を張り上げた。

「今回のデモは上村遼太君の弔い合戦です！」

事件で犠牲となった少年の名前を出した。

参加者が「そうだ！」と唱和する。

そばで聞きながら恥ずかしくなった。このような「弔い合戦」など、おそらくは誰も望んでいないはずだ。しかし参加者は意気軒昂と日章旗を振り回し、拳を突き出すのである。

女性参加者のひとりもマイクを手にしてアジった。彼女は件の事件を引き合いに出し、「日本人が犠牲になることなど許されない。日本では外国人による殺人やレイプがどんどん増えているのにマスコミも警察もはっきりと発表しない！」と叫んだ。

さらに「ネットで探せば外国人犯罪は多いのだけれど、いつのまにか消えてしまう」と嘆いた。

ニュースソースを明示することなく、ネット情報に左右されるのが、この手の人たちの特徴でもある。

在特会神奈川支部長を務める男性も、マイクを握るや「辺鄙《へんぴ》なクソ川崎」と地元を小馬鹿にしたうえで次のように演説した。

「神奈川県は57人に1人が外国人。やたらと外国人におもねる政策が多すぎる。日本人差別だ。神奈川県はヘイトスピーチ規制を議決している。ほかの自治体にもデンパン（伝播？）していくかもしれない！　我々は外国人犯罪者を許さない！」

その後はもう、いつもの見慣れた光景が展開された。

「反日を許すな」と大書された横断幕を先頭に、日の丸や日章旗を林立させた隊列が川崎駅周辺を練り歩く。

「大切なご子息が反日に狙われています！」

そんなシュプレヒコールが飛び交う。

それぞれが手にしたプラカードも意味不明なメッセージばかりだ。

「行政汚鮮」

「祖国で暮らせ」

「日本人へのヘイトスピーチを許さない」

なかには「気持ち悪い川崎国」といったメッセージを記したプラカードを誇らしげに掲げる参加者もいた。

いったい、これのどこが「上村君の弔い合戦」だというのか。

「辺鄙なクソ川崎」といい「気持ち悪い川崎国」（おそらくイスラム国をもじったものだろ

う）といい、いったいなぜ、これほどまでに地元を貶めるような物言いばかりなのであろうか。地元の人に主張を聞いてもらうことが目的ではないのか。

……だからこそ私はデモ終了後に主催者の男性に駆け寄っていたのだが、なにひとつまともな答えは返ってこなかった。

▼なぜ「外国人が怖い」のか

それにしても、デモから何日経とうとも、「クソ川崎」「気持ち悪い川崎国」という2つの言葉が、耳奥でこだまし、網膜に焼き付いたまま離れない。かさぶたのようにこびりついたままだ。

彼らが「気持ち悪い」と思っているのは、川崎という地域ではなく、川崎に住んでいる外国籍住民のことであるのは間違いない。

かつて私が取材した在特会員の一人は、インタビュー中に何度も「朝鮮人みたいな気持ち悪い民族」といった言葉を口にした。

彼らが口にする「気持ち悪い」は、「怖い」「意味が分からない」といった言葉と同義語である。とにかく〝異なる他者〟を差別することでしか、自我を保つことができない。あるいはそうすることでしか、自らの優位性を訴えることができない。そうしたゼノフォビア（外国人嫌い）を根底に抱えた者は、デモ参加者の中に少なくないように思える。

以前、新大久保でおこなわれた差別デモの最中、たまたま現場に遭遇した右翼組織のメンバーが「朝鮮人って言葉を使わずに愛国を語ってみろよ」とデモ隊に対して吐き捨てるように叫んでいた風景を目にしたことがあるが、私もまったく同感だ。レイシストはレイスの差異にこだわることこそが、活動の原動力なのである。

「増え続ける外国人が怖くて仕方ない」

かつて私にそう訴えたのは、福岡に住むＯＬだった。彼女は在特会の会員であり、積極的に街宣活動にも参加していた。

あどけない顔つきとは対照的な、激しいアジテーションが強く印象に残っている。大分市での街宣で、彼女は大声をはり上げた。

「在日は日本人に感謝したことがない、厚かましい民族なんです。こちらが一歩引けば、一歩踏み込んでくるのが朝鮮人！　この恩知らず！　恥知らず！　礼儀知らず！」

聞き慣れたはずの私ですら、逃げ出したくなるような街宣だったが、演説を終えれば、礼儀正しく、か細い声で話す、どこにでもいる普通の20代女性に過ぎない。ただひとつ、レイシストであるという点を除けばの話だが。

　彼女は「外国人が怖い」と前置いたうえで、こう話した。

「私が住んでいる福岡は、昔から在日などの外国人が多い。最近、街の中でハングルや中国語で書かれた案内標識が増えてきたのですが、なんだか街が汚されていくような気がして悲しくなるんです」

　本当にいまにも泣き出しそうな表情を見せていた。

　彼女だけではない。少なくとも私が接した多くの在特会員やその支持者たちは、同じように外国人、なかでも古くから日本に住んでいる在日コリアンを「怖い」と訴えた。

　そして、その多くが、生身の在日コリアンと付き合った経験を持っていなかった。つまり、在日という存在を差別的な文脈以外で、知ることがなかった。ネットの情報で「在日の真実」とやらを知った気になり、同時に「恐怖」を抱いていくのである。自分の頭の中で在日をモンスターのように仕立てあげ、さらにはブラックボックスを紐解くカギとして使いまわすようになる。

　犯罪も、福祉の後退も、すべては「在日の跳梁跋扈」とすることで、何かがわかってしまう。

在日に対する「脅え」と「恐怖」を攻撃心に転化させれば、もう立派なレイシストだ。

▼『嫌韓流』にひそむ在日観

そうした〝気分〟の流れをたどっていくと、一冊の本に突き当たる。

2005年に刊行された『マンガ嫌韓流』である。韓流ブームへのアンチとして登場した同書は、日本社会の一部が古くから抱えてきた韓国や在日コリアンへの複雑な感情を刺激し、さらに「嫌韓」という新たな差別を生み出した。

領土問題や歴史認識に関する韓国側の主張をことごとく否定し、さらにはマイノリティとして生きる在日コリアンへも、批判の矛先を向けた。

同書で描かれる韓国は、歴史を捏造し、日本を侮蔑することに血道をあげる国家であり、その先兵として在日コリアンが位置づけられる。狡猾で野蛮な国家と、社会の「敵」である在日コリアンによってもたらされた〝日本の危機〟が主題だ。

在特会のメンバーなどを取材する過程で、私は同書を高く評価する声を幾度となく聞いてきた。影響を受けた書物を訊ねた際、必ずといってもよいほど挙がるのが『嫌韓流』である。在日コリアンが様々な特権を有し、日本を貶めているといった在特会の主張は、まさにこの本で描かれたものがベースとなっている。

著者である山野車輪とは知人を介して酒を飲む機会があり、その後、雑誌で対談した。私は『嫌韓流』を偏見と差別のまなざしに満ちた酷い作品であると思っているが、一対一で向き合った際の山野の素朴で謙虚な人柄については好感を持っている。

その山野もまた、「在日は怖い」と繰り返した。

なぜ怖いのかと問う私に対して、山野はその理由を次のように述べている。

「在日という存在が、日本社会にある種の恐怖を植え付けてきたことは事実だと思います。終戦直後に暴れまわったこと、朝鮮学校の生徒が日本人に喧嘩を吹っかけたことなどは多くの日本人が知っています。たとえば、『嫌韓流』の1巻を出したとき、僕も正直、怖くてしかたなかったんです。びびってましたよ、本当に。何をされるのかわからないという恐怖がありました。集団で行政に対して圧力かけるなどの事件も過去にあったわけじゃないですか」

まさにネットによって拡散、増幅された在日のイメージそのものである。

実際、山野は「在日の知り合いはいなかった」と答えたうえで、こう続けた。

「在日が何であるかわからないから、怖かったんですよ」

過去形の言い方となっているのは、「最近はそれほど怖くなくなった」からだという。その理由として山野が挙げたのは、在特会の存在だった。

「在特会が、朝鮮大学に対してデモをかけたじゃないですか。あれで、ああ、大丈夫なんだ、と思いました。だって、朝鮮大学って、朝鮮総連の幹部養成学校じゃないですか。そうしたところでデモをやるってことは大変なことだと思ったんです。でも、たいした妨害もなくデモは無事に終わった。これで大丈夫なのだ、在日は怖くないんだと理解しましたよ」

在特会が朝鮮大学校（東京都小平市）に抗議街宣をかけたのは、2011年11月のことである。同大の正門近くに集まった在特会員たちは、北朝鮮による拉致事件などへの抗議をおこなった。同会桜井会長（当時）は、大型トラメガを使って吠えたてた。

「そこにいる朝鮮人、出て来いよ！ 叩き殺して見せるから出て来いよ！ 日本人をナメんじゃねえぞ、ゴキブリども！ そこで聞いている朝鮮人、キミにも朝鮮人としてのプライドがあるんだろう？ ぜひ出てきてほしいんだ。ぜひ出てきてね、殺されろよ！」

これほど挑発的な抗議活動にもかかわらず、同大の学生は誰一人として言い返すこともなく、在特会の街宣を黙ってやりすごした。

山野はこれを見て、「思ったほど在日は怖くない」と結論付けたのだ。

私は開いた口がふさがらなかった。その理解の仕方に唖然とするしかなかった。その程度の認識の持ち主が、「嫌韓」といったブームの源流であることに背筋が寒くなった。

対談の後、山野からは「怖さ」についての補足として次のような文面のメールが届いた。

〈日本人は、彼らが裏で何をしているのかわからないことによる恐怖心を持っています。もちろん自分も、在日を怖いと思っていました。その恐怖心の元になった実態とはおそらく、彼らが戦後に暴れまわったこと、朝鮮学校の生徒たちが、街で喧嘩をふっかけていたこと、彼らに都合の悪い事実は集団抗議によって封じ込めていたこと、権利または特権を獲得するため集団で押し寄せていたことなどではないでしょうか。（略）私は「在日は弱者」であるから「差別」との前提で言論を進めるのではなく、友好関係のためにはまず、在日が戦後日本で行なってきたことを正しく伝え、その上で、日本人の持っている、彼らに対する恐怖心を取り除くことが必要なのではないかと思っております。被害者意識ばかり振りまいていては、これまでのように平行線でしょう〉

けっして目新しい物言いではない。いや、むしろ、このロジックこそが、これまで日本社会に通底してきた〝在日観〟そのものではなかろうか。

いわば、知らない、見えないことからくる「怖さ」である。

現実の、あるいは架空の事象や差異に一般的な価値づけをすることで、無駄な憎悪が生まれてはいないだろうか。

そうした筋違いともいえる憎悪が、下劣で幼稚な差別を生み出すこともある。

たとえば、このところネット上で目立つのは、「ハングル文字で記された看板や案内標識を日本からなくせ」といった主張だ。

円安効果もあってか、韓国や中国からの観光客が増加傾向にある昨今、その利便性を図るためにハングル文字や中国語（簡体字）を併記した案内標識が増えてきたのは事実である。

だが、これは排外主義者にとっては看過できない「暴挙」であるらしい。

「気持ち悪い」

「なぜそこまで配慮する必要があるのか」

「吐き気がする」

そんなコメントと共に、ハングル表記の看板や標識の写真がネット上にアップされることは珍しくない。

２０１４年11月には在特会メンバーらによって、「公共の場に氾濫する中国語・ハングル表記を今すぐ撤廃せよ！」と題された抗議街宣が東京都庁前でおこなわれた。

マイクを手にしたメンバーが入れ代わり立ち代わり訴える。

「韓国語や中国語の標識が増えて街を歩いてるとイライラします！」

「駅の電光掲示板も日・英・中・韓の４ヶ国語表記だから、日本語表示を待っている間に電車に乗り遅れてしまう！」

「韓国語のような昆虫のような文字が街にはびこっている。これは文字による侵略だ！」

「みなさーん、中国語読めますかあ？」（読めませーん！）

「韓国語は読めますかー？」（読めませーん！）

「私たちはシナ人、朝鮮人のために税金を払っているわけじゃないんです！」

坊主憎けりゃ――の世界である。

「昆虫のような文字」などと馬鹿にしつつ、内実はとにかく韓国人や中国人が嫌いで仕方ないのだろう。

だいたい発想が幼稚だ。

どこの国であっても、来訪外国人の便宜向上に努めるのは当然である。在特会の諸君が蛇蝎のごとく嫌う韓国でも、たとえば首都ソウルを走る地下鉄の車内では日本語のアナウンスも流れるし、切符の自販機も当然、日本語対応だ。日本人観光客の多い繁華街では、朝から晩までボランティアの日本語通訳が各所に立っている。

観光立国を目指すというのであれば、それが当然のたたずまいというものである。

しかし、幼稚な差別感情の矛先は、人間や文字だけでなく、ときにとんでもない誤爆を起こすこともある。

▼「ソウルフード」ツイートの無知

ツイッター界を揺るがせた〝珍事件〟について触れよう。２０１４年夏のことだった。あるツイッターユーザーの男性がラーメンの画像を添付したうえで「ソウルフード」と短くツイートした。彼にとって、ラーメンこそがまさにソウル（魂）とも呼ぶべき愛着ある料理なのだろう。ただそれだけのツイートである。

ところが――これにネット右翼が噛みついた。

「日韓断交」なるユーザーネームを持つ者が、前出の男性に向けて次のようにツイートしたのだ。

〈ラーメンは日本の食文化です。勝手に韓国料理にしないで下さい。貴方は在日朝鮮人ですか？　盗人猛々しいにも程があります！〉

当初、このツイートを目にしたとき、私は意味が分からなかった。十数秒ほど文章を凝視し、ようやく気が付いた。この人物は「ソウルフード」の「ソウル」を韓国の首都だと勘違いしていたのだ。であるから「ラーメンはソウルフード」といった他愛のないツイートであったにもかかわらず、即座に「在日」警報のようなものが自身の中で鳴り響き、「ラーメンは日本の食文化だ」と反論してしまったのだろう。

あきれるしかない。

どうやらこの人物は韓国、在日、韓国料理がことのほか嫌いらしく、日常的にこれらに対する攻撃的なツイートを書き込んでいた。

〈焼肉屋って大抵在日の経営だよな。昔趣味で焼肉の食べ歩きしてた頃に店員に聞いたら、ほとんどの店の経営者が在日だったわ。だから最近は焼肉屋には行かないようにしてる。何の肉を喰わされるか分からん〉

〈キムチ悪い奴発見！〉

あまりにバカバカしすぎる内容であるが、残念ながら私は笑うことができない。むしろ寒々しい思いがする。

この程度の偏見が、しかし、大きな憎悪となって次々と差別を生みだしていく。

2014年3月。八十八ヶ所霊場を巡る四国遍路の休憩所など約30ヶ所で、韓国人差別を主張する張り紙が見つかった。

貼り紙には「『大切な遍路道』を朝鮮人の手から守りましょう」「気持ち悪いシールを四国中に貼り回っています。見つけ次第はがしましょう」などと記されていた。

これは、韓国人観光客向けに道案内ステッカーを各所に貼り続けている韓国人女性・崔象喜（ソウル市在住）への中傷だとみられている。崔は外国人女性として初めて、お遍路の魅力を伝える「先達」に公認された人物だ。

ソウルで日本人向けの小さな旅館を経営している崔は、2010年に父親を亡くした。

「その供養にと思って、ネットで知ったお遍路に出かけたんです」と彼女は話す。

「想像していたよりも素晴らしい体験となりました。自然も美しいし、出会った人は皆やさしかった。すっかり遍路にハマってしまい、それ以来毎年、足を運ぶようになったんです」

2013年には「先達」に認定された。それをきっかけに、各所に道案内のシールを張るようになったという。

「日本語表記の道案内しかなく、韓国人観光客のなかには不安に感じている人も少なくなかった。私はもっと多くの韓国人に、遍路の魅力を伝えたかったんです」

ところが、これが一部の日本人を刺激したのだろう。「朝鮮人の手から守れ」「気持ち悪い」といった張り紙によって、崔は攻撃を受けたのであった。

とはいえ崔は明るい声で私の取材に応えてくれた。

「がっかりしていませんよ。やさしくて人間味あふれる日本人が多いことを、私はよく知っています。お遍路で知り合ったたくさんの日本人から励ましてもらって、本当にうれしかった。とても救われた気分です」

救われたのは私の方だった。ヘイトが渦巻く世の中であっても、それでも社会全体が侵されているわけではない。

そして同時に思うのだ。在日は怖い、韓国人は怖い、と過剰に構えている者たちは、いま、この日本社会の中にあって本当に怖い思いをしているのは誰なのかということを考えてほしい。

第7章　ヘイトスピーチを追いつめる

▼ヘイトスピーチを〝正当化する論理〟

「差別を煽る阪南市人権課～平和な阪南市に似つかわしくない安田浩一氏による講演会」そう題されたチラシが大阪・阪南市内で配布されたのは、2014年7月初旬のことだ。同市主催による私の講演会開催に抗議する内容だった。

ヘイトスピーチに関する講演を引き受けることはある。そして、講演中に会場から抗議の罵声を飛ばされることも珍しくはない。講演中に怒鳴りあいをしたことも一度や二度ではない。

だが、事前に組織的な「反対運動」が展開されたのは初めてだった。

抗議グループは「阪南市を守る会」を名乗っているが、内実は在特会の元幹部を中心とした数名の集団である。

チラシには次のような文言が踊っていた。

〈税金のムダ遣い、阪南市〉

〈講師は安田浩一。阪南市民はどこまで知っているでしょうか？　これが日本人に対する

言論弾圧に繋がっていることを〉
〈安田浩一とは？　最近はもっぱら右翼や市民団体について、彼独自の偏見に基づいて記事を書いている。在特会などの市民団体の揚げ足を取ったり、市民が発信してしまった過激な言葉じりをとらえて『ヘイトスピーチ』を発する『レイシスト』だとレッテル貼りを行っている〉

そして文末では阪南市役所の人権推進課に抗議の電話をするよう、呼びかけていた。

同市によれば講演中止を求めて「阪南市を守る会」メンバーが市役所を訪問したり、実際に市民からの抗議電話もあったという。

それでも、このような圧力に屈することなく講演を実施させた同市の姿勢には頭が下がる思いだ（実際は講演中止の意見も関係者の間では少なくなかったらしい）。

ただし、講演はものものしい警戒のなかで開催された。当日、最寄り駅で「守る会」メンバーが抗議街宣をおこなったこともあり、会場となったホール周辺には制服、私服の警察官が立ち、来場者に目を光らせた。会場内では要所要所で、若手の職員が「不測の事態」に備えていた。

そうした関係者の努力もあり、講演はなにごともなく無事に終了した。聴衆の中には顔が割れていない「守る会」のメンバーも〝潜入〟していたようだが、後日、ブログで私を中傷するだけだった。今にして思えば警察の警備も含めて、大げさともいえる対応だったかもしれない。

誰であっても抗議の自由はあるし、あるいは罵声や怒声を飛ばすくらいであれば、少なくとも私は容認できる。それが見当はずれの中傷であったとしても、私個人に向けられたものであれば仕方ない。表現を生業としている以上、これも生きていく上でのコストだと思っている。

だが私が、いまでも阪南市の件にこだわっているのは、「守る会」が配布したチラシの内容に、けっして許容することができない一文があったからだ。

「守る会」はヘイトスピーチに関して、チラシの中で次のように説明している。

〈一見差別をなくす為に使われる用語だと思われがちだが、戦後、在日韓国朝鮮人が日本人に行ってきた様々な蛮行やヘイトクライムをバラす市民団体が現れ、その事態に焦りを感じ、日本人の言論を封殺しようと使い出した言葉〉

〈拉致問題、従軍慰安婦問題、朝鮮人の犯罪等を語ろうとすると、ヘイトスピーチという言葉で日本人の言論が弾圧されてしまう〉

〈すべてヘイトスピーチ、レイシストだと固めて拉致問題を広める声さえなくそうとしています〉

意味不明な言い回しについてはこの際どうでもよい。問題は、ヘイトスピーチに対する認識である。

私だけでなく、多くの人が在特会などの差別団体を批判しているのは、彼ら彼女らが拉致問題や慰安婦問題に言及しているからではない。ヘイトスピーチを正当化するために、それらの問題を〝利用〟していることを批判しているのだ。

▼横田夫妻が示した嫌悪感

たとえば北朝鮮による日本人の拉致は、許されざるべき事件であることは当然だ。紛うことなき国家犯罪である。しかし、それは在日コリアンへのヘイトスピーチを容認する理由には当たらない。

差別主義者、排外主義者は必ず「差別の理由」を訴える。私のもとにもヘイトスピーチを正当化するための「理由」が、これまでにもメールや電話などで多数寄せられてきた。

そのたびに私はこう答えている。

マイノリティ差別を正当化できる「理由」など一切、存在しない。ヘイトスピーチというのはマイノリティに対する暴力、攻撃、迫害である。人間としての尊厳を傷つけ、また社会全体をも破壊するものだ。もしも「理由」如何によってそれが許容されるならば、世界中にはびこる様々な差別――黒人差別、ユダヤ人差別、アラブ人差別なども正当化されてしまう。あるいは第二次大戦中、日本人であるということだけで収容所送りとした米国の差別政策すら認めなければならない。

北朝鮮による拉致事件に関しては、被害当事者からも事件を利用したヘイトスピーチへの嫌悪感が漏れている。

横田めぐみさんの両親である横田滋さん、早紀江さん夫妻は、著書『めぐみへの遺言』(幻冬舎)のなかで次のように述べている。

〈**滋**　(略)去年の6月だったか、東京でのデモ行進で、私たちの知らない団体が参加していて、「在日朝鮮人は東京湾へ放り込め!」なんて怒鳴っていてテレビのニュースでも映されたのです。拉致と直接関係ない在日の人に対してまでそんな言い方をするのはよくない。節度が必要です。

早紀江　デモはもちろん自由参加ですが、シュプレヒコールの文句は、これとこれって最初から幾つかのパターンが決められていてそれを言います。あんな言葉が出ると、家族会はそこまで言うのかと誤解されるからまずいと思う。（略）

滋　自分たちの考え方と違う人を許さないという姿勢は、本当によくない〉

ここで「私たちの知らない団体」と指摘されているのは在特会のことである。

２０１１年６月５日、「北朝鮮に拉致された日本人を救出するための全国協議会」（救う会）の主催によって、拉致被害者救出を訴えるデモが東京都内で開催された。被害者家族なども参加した大規模なデモであったが、その隊列に在特会メンバーらも多数参加していた。

案の定、在特会員らは〝跳ね〟まくった。

「朝鮮人を殺せ！」

「人さらい朝鮮人を東京湾に叩き込め！」

主催者が先導するシュプレヒコールを無視し、聞くに堪えない罵声を飛ばしていたのである。

デモに参加した拉致被害者の家族からは「いったい、誰がこんな人たちを呼んだのか」と主催者に抗議する声があがった。

当然、主催者はこれを問題視した。「救う会」のメンバーが在特会員に注意したが、しかし即座に隊列から反発が返ってきたのだ。

「生ぬるい運動をしてるんじゃねーよ！」

在特会側の人間は、このときのことをブログで次のように書いている。

〈（在特会に対し）文句を抜かす徒輩が出て来たのである。それも沿道からではなく、デモ隊の中からであるから情けない。曰く、「過激なコールは良くない」「怒っているように見えるのは良くない」「朝鮮民族を差別するようなのはダメ」…などなど、聞き飽きたようなキレイゴトを言うのである。生のキレイゴト人種を見たのは久しぶりである〉

この〝事件〟に対し、「救う会」のある幹部は、苦りきった表情を見せながら私にこう漏らした。

「在特会などは拉致問題の解決を本気で願っているとは思えない。私もそばで見ていましたが、単なるうっぷん晴らしで騒いでいるような印象を受けました。だいたい、拉致問題解決のために、なぜ、在日朝鮮人を殺さなくてはならないのですか。ふざけているとしか思えません」

また、同じように差別的な〝不規則発言〟を批判していた別の「救う会」幹部も、地元の在特会員から「街宣をかけてやる」と脅迫じみた電話があったことを私に明かしている。

「彼らは日常的に拉致問題に取り組んでいるわけでもありません。我々の運動に便乗して騒いでいるだけです。ある種の〝祭り〟感覚なんでしょうか」

この〝事件〟は国会でも議論されている。

2014年11月17日の「北朝鮮による拉致問題等に関する特別委員会」席上である。質問に立ったのは、参議院議員の有田芳生だ。

有田は拉致被害者救出運動に在特会などが関わっていることについて、拉致問題担当相の山谷えり子に問い質した。

有田「（救出運動のなかに）今社会問題になっている在特会のメンバーたちが数多く参加していた、これは承知されておりますか」

山谷「デモの中で、特定の国籍の外国人を排斥する趣旨で過激な言動が見られたことは非常に遺憾でございます。（略）横田夫妻も非常に心を痛められたと聞いておりまして、私も遺憾なことだと思っております」

有田「在特会が組織として参加しております。マイクを持って、全ての朝鮮人を東京湾へたたき込め、たたき込めというようなシュプレヒコールがずっと行われていた。それを、集結地点に着いたときに、横田夫妻、びっくりしました、誰がこんな人たちを呼んできたんですかと言って、非常に怒りを表明をされました」

山谷「横田御夫妻のお考え、気持ちに完全に同意します」

有田「横田夫妻が言われるように、誤解を生む国民運動になっているんじゃないですか」

山谷「ヘイトスピーチをしたり、差別感情、排外主義的なシュプレヒコールやヘイトスピーチをして国民の心を分断していくというのはあってはならないことだというふうに思います。拉致問題担当大臣として、オールジャパンの態勢がしっかりと取れるように努めていきたいと思います」

いまや「反差別運動」の〝顔〟として、ネット上では「公共の敵」扱いされることの多い有田だが、在特会を意識するようになったのは、まさに、前述した拉致被害者救出を訴えるデモのときだったという。デモ行進を終えた際、「朝鮮人を東京湾に叩き込め」と騒ぎ立てていた一団がいたことを参加者から聞いた。

「拉致問題を真剣に考えている人たちの中に、醜悪な差別集団が紛れ込んでいたことが許せなかった」と有田は話す。

差別主義者たちは「拉致を許さない」と言いながら、結局は被害当事者からも疎まれているのだ。つまり、何の役にも立っていない。彼ら彼女らはブルーリボンを汚しているのである。

差別主義者にとっての拉致問題は、差別を正当化するための「言い訳」でしかない。彼ら彼女らにとってデモや集会は、ネットで他人のブログを炎上させて荒らしまくるような「祭り」にすぎないのだ。

▼橋下vs.桜井のパフォーマンス

「オマエみたいなのはな、許せねえって言ってんだよ！」
「だったらやってみろよ！」

敵意剝き出しの罵り言葉に、プロレスのマイクパフォーマンスを連想した人も少なくなかったはずだ。

２０１４年10月20日、大阪市役所では橋下徹大阪市長と桜井誠在特会会長（当時）の会談が予定されていた。事前に配布された市のプレスリリースには両者の「意見交換」と記されていたが、フタを開けてみれば「交換」どころか「罵倒の応酬」に終始し、激昂した桜井が橋下につかみかかろうとして、SPに制止されるといった場面も見られた。

会談は冒頭から荒れた。いや、正確には会談が始まる前から荒れていた。

先に会場に姿を見せた桜井は居並ぶ報道陣に対して、「キミらを呼んだつもりはない！」などと大声で怒鳴りつけ、個別に各社の報道姿勢を批判した。この部分はテレビでは放映されていない。

扇子を手でパタパタと扇ぎながら、桜井は言いたい放題だった。

「おい、ごろつきメディア！　キミたちみたいに人権無視するような連中を呼んだ覚えはないんだよ！」

「恥を知れよ、恥を！」

「極左共同通信、帰れ！」

「変態毎日新聞！」

「朝日は自分とこのヘイトスピーチをなんとかしろ！」

「NHKは偏向報道するな！」

反論する記者は一人もいなかった。誰もが黙って桜井の罵倒を聞いている。事前に市の広報担当者から「記者は一切質問してはならない」との通達があった以上、仕方なかったのだろう。情けない姿ではあったが。
遅れて橋下が入室した。明らかに不機嫌な表情を顔に浮かべていた。
「先に言ってもらったらいいんじゃないですか」
最初に口を開いたのは橋下だった。どこかいらついたような口調であった。
桜井「そうですか、まずね、色々と言いたいこともあるんですけれども、ヘイトスピーチについてお伺いできます？」
橋下「僕の意見を聞くんじゃなくて」
桜井「いや、あんたが言い出したことだろ」
橋下「あんたじゃねえだろ」
桜井「おまえでいいのか、じゃあ？　あのね、まずあなたが、ヘイトスピーチうんぬんて言い出したことでしょ」
橋下「大阪で、そういう発言はもうやめろと言ってるんだ」
桜井「どういう発言なのかって聞いてんだよ！」
橋下「民族とか国籍を一括りにして評価をするような、そういう発言はやめろと言ってるんだ」

桜井「朝鮮人を批判することがいけないって、あなたは言ってるわけ？」
橋下「おまえな……」
桜井「おまえって言うなよ！」
橋下「うるせえ。おまえ、おまえだよ」
桜井「なんだよそれ。（立ち上がって）それでも男かよ、こうやって守られやがって！」
橋下「座れ。勘違いするなよ、おまえ」
桜井「そちらこそ、勘違いしないでもらえるか」
橋下「おまえな、勘違いするなよ！」
終始、このような罵りあいであった。
もちろん橋下・桜井にとってみれば、これも「織り込み済み」の展開であったことだろう。いわばオーディエンスの視線を意識したパフォーマンスである。
結局、30分の予定だった会談は、わずか7分間で終了した。
会談終了直後、「はい、市長は逃げ出しました」と上気した顔で報道陣に話しかける桜井に対し、私は質問した。
「桜井さん、あなた自身はヘイトスピーチをしているといった自覚はないんですか？」

すると桜井は「あなた出てけよ！　ルールくらい守れ！」と私を指さしながら激高した。これもいつものパターンである。桜井はけっして私の質問には答えようとしない。

それにしても、7分間の会談は〝成果〟という点においては、なにも残していない。会談翌日の会見で橋下が漏らした通り、彼の念頭にあったのは「在特会の宣伝の場にはさせない」ということだけだった。だからこそ桜井を「差別主義者」と一方的に断じ、大人が子どもを叱りつけるような態度を最後まで崩さなかった。

この一点に関してのみ、橋下は正しかったのではないかと私は思っている。橋下の在日コリアンに対する認識はともかく、大阪の風景を汚し続けてきた在特会に対して、「もう来なくていいから」と諭すのは、けっして間違っていない。

一方の桜井だが、彼もまた「強い人間」を演じることが、自らの役割であることは十分に意識していたはずだ。もともと、「自宅の鏡の前で演説の練習を積み重ねてきたナルシスト」（在特会関係者）である。彼を慕う者たちもまた、「権力者に融和的な会長」など望んでいない。

橋下につかみかかろうとし、居並ぶマスコミを小バカにし、さらにはそのなかに私の顔を見つけて逆上し「オマエは出てけ」と怒鳴り散らす桜井の姿こそ、それまで在特会を支えてきた強硬派会員が望むものだった。彼は自らに課せられた〝仕事〟を果たしたまでである。

これを機に知名度をアップさせたい、という彼なりの計算もあったはずだ。会談の席で、発刊されたての自著（『大嫌韓時代』〔青林堂〕）を、カメラに映るような場所に立てかけていたことも、そんな意図の表れであろう。

実際、会談後に同書はAmazonのランキングが急上昇した。桜井はツイッターにおいて自著の発行部数が9万部に達したことを報告したうえで、橋下へ皮肉たっぷりに謝辞まで述べている。

桜井や在特会に対する評価は別としても、社会的認知度がアップしたことは事実だ。

▼桜井会長辞任の背景

そうした状況にありながら、在特会をめぐってまたひとつ、同2014年末にニュースが飛び込んできた。

同会の設立以来、8年にわたって会長を務めてきた桜井が引退を表明、12月1日から副会長だった八木康洋が後任の会長に就任したのだ。

桜井の側近を除けば会員にとっても「寝耳に水」のことだったらしく、日ごろは敵対している私に、わざわざ確認を求めてくる末端会員までいたほどだ。

11月11日、桜井自身が配信した「ニコニコ生放送」の番組では、引退の理由として「組織のトップが変わらないと新陳代謝ができない」などを挙げたうえ、会長職だけでなく会籍からも離脱すると表明した。

むろん「新陳代謝」を額面通りに受け取る関係者は少なく、その思惑を巡っては様々な推測が飛び交っている。

西日本在住の支部幹部は「伝え聞いた話だが」と前置いたうえで、次のように話す。

「要するに、ヘイトスピーチ批判をはじめとする社会的圧力への対応だと聞いています。橋下会談などで確かに知名度は上がりましたが、同時に会がヘイトスピーチの代名詞のように世間から認識されてしまっているのが現状です。イケイケ路線を突っ走っているように見えるかもしれませんが、実は昨今の露骨なヘイトスピーチが嫌で活動から離れる会員も後を絶たない。世間からの批判を恐れて、機能停止状態にある地方支部も少なくありません。

桜井さん自身もそうした状況に危機感を持っているのですから、本来ならば自分で軌道修正を図ればよいものの、それではは会を支えてきた強硬派の会員が納得しない。桜井さんの口から『ヘイトを抑制しよう』などと言うことはできないのです。そこで新しい顔を立てることによって、世間のイメージを変えていきたい、という思惑があるようです」

とはいえ、桜井は〝差別運動〟から引退したわけではない。最近では米国の保守運動である「ティーパーティ」のようなものを立ち上げるのだと表明しているが、実際はいまでもデモの現場で陣頭指揮を執ることもあり、一部会員からは〝名誉会長〟とも呼ばれている。事実上の院政が敷かれているといってもよいだろう。桜井個人に対して資金カンパしている支持者も存在するので、生活に困った様子もない。

そうした桜井の思惑はともかく、いま在特会には逆風が吹き荒れている。

２００９年に会のメンバーらが京都朝鮮第一初級学校に押しかけた「襲撃事件」の民事裁判では、２０１４年12月、最高裁が同会の上告を棄却し、約１２００万円の高額賠償と街宣差し止めを命じた大阪高裁判決が確定した。

さらに、同２０１４年8月には国連人種差別撤廃委員会が在特会の活動などを「人種・民族差別」と断じたうえで、日本政府に対して法整備を求める勧告を出したのは、本書の冒頭で記した通りだ。

同委員会では、人種差別撤廃条約に加盟していながら、同条約第4条a項、b項について「留保」の姿勢を取り続ける日本政府に対し、各国委員から批判が集中した。

人種差別撤廃条約第4条の両項は次の内容だ。

・a項　あらゆる人種的優越・憎悪に基づく思想の流布、人種差別の扇動、人種や皮膚の色、民族的出自の異なる人々に対するすべての暴力行為や暴力行為の扇動、人種主義的活動に対する資金援助を含むいかなる援助の提供も、法律で処罰すべき違法行為であることを宣言する。

・b項　人種差別を助長し、かつ、扇動する団体や宣伝活動が違法であることを宣言し、禁止し、こうした団体や活動への参加が法律で処罰すべき違法行為であることを認める。

同条約に加盟しているのは現在173ヶ国。日本は1995年に加盟したが、当初から一貫して、上記第4条の履行を「留保」している。

各国委員からその理由を問われた外務省総合外交政策局審議官の河野章大使は、次のように答えた。

「刑罰法規をもって規制することは、その規制の必要性、具体的内容、合理性が厳しく要求される表現の自由との関係上、適用を留保している。また、現在の我が国の状況が、この留保を撤回し、表現の自由を委縮させる危険を冒してまでヘイトスピーチ立法をする必要がある状況に至っているとは考えない」

つまり、ヘイトスピーチの問題はそれほど深刻な状況ではない、というわけだ。

だが、委員会はそれを受け入れなかった。

この答弁の10日後、委員会は日本政府に法整備などを求めるよう「総括所見」を発表したのである。

「総括所見」では日本におけるヘイトスピーチ・ヘイトクライムに対し、次のように勧告した。

〈外国人やマイノリティ、とりわけコリアンに対する人種主義的デモや集会を組織する右翼運動もしくは右翼集団による切迫した暴力への煽動を含むヘイト・スピーチのまん延の報告について懸念を表明する。委員会はまた、公人や政治家によるヘイト・スピーチや憎悪の煽動となる発言の報告を懸念する。委員会はさらに、集会の場やインターネットを含むメディアにおけるヘイト・スピーチの広がりと人種主義的暴力や憎悪の煽動に懸念を表明する。また、委員会は、そのような行為が締約国によって必ずしも適切に捜査や起訴されていないことを懸念する。

委員会は人種主義的スピーチを監視し闘うための措置が抗議の表明を抑制する口実として使われてはならないことを想起する。しかしながら、委員会は締約国に、人種主義的ヘイト・スピーチおよびヘイト・クライムからの防御の必要のある被害をうけやすい立場にある集団の権利を守ることの重要性を思い起こすよう促す。したがって、委員会は、以下の適切な措置を取るよう勧告する。

（a）集会における憎悪および人種主義の表明並びに人種主義的暴力と憎悪の煽動に断固として取り組むこと

（b）インターネットを含むメディアにおけるヘイト・スピーチと闘うための適切な手段を取ること

（c）そうした行動に責任のある民間の個人並びに団体を捜査し、適切な場合は起訴すること

（d）ヘイト・スピーチおよび憎悪煽動を流布する公人および政治家に対する適切な制裁を追求すること

（e）人種差別につながる偏見と闘い、異なる国籍、人種あるいは民族の諸集団の間での理解、寛容そして友好を促進するために、人種主義的ヘイト・スピーチの根本的原因に取

り組み、教授、教育、文化そして情報の方策を強化すること〉

表現の自由に留意しつつも、毅然たる措置を取るよう、日本政府に勧告する内容だ。

実際、先進各国のなかで、人種差別に対する法的規制が存在しないのは日本くらいのものだろう。ヨーロッパではヘイトスピーチに対して刑事罰を設けている国がほとんどだ。米国ではヘイトスピーチに関しては日本同様「表現の自由」を理由に法的規制はないものの、公民権法やヘイトクライム判決強化法などによって、ヘイトクライム犯に対しては通常の犯罪の刑罰より反則レベルを3段階厳しくし、より重い刑を適用するよう法整備がされている。

実は、人種差別撤廃委員会は2001年と2010年の2度にわたって、法整備を日本に求めるよう勧告を出してきた。だが、日本政府はそれに一切応じず、ひたすら無視を決め込んでいる。

だからこそ、同委員会で日本側がいわば「袋叩き」のごとく批判されたのも、ある意味で当然ではあった。

▼高まる規制の動き

こうしたこともあり、いま、国内でもヘイトスピーチ規制を求める声が高まっている。現在、超党派によって「人種等を理由とする差別撤廃のための施策に関する法律案」(仮・人種差別撤廃法案)の制定に向けた試案づくりが進んでいる。これは差別撤廃を目的に国や地方自治体、民間団体が取り組むべき責務などを盛り込んだものだ。差別行為に対する罰則こそ設けられてはいないが、一種の理念法として、差別禁止をうたったものである。

それだけではない。ヘイトスピーチ対策について、法規制などの対策を国に求めた意見書を採択する自治体が急速に増えている。

先駆けとなったのは東京都国立市である。

同市議会は2014年9月19日、社会的マイノリティへの差別を禁止する新たな法整備を求める意見書を賛成多数で採択し、衆議院議長、参議院議長、内閣総理大臣、法務大臣宛てに届けた。意見書の一部を以下に引用する。

〈日本が1995年に加入した「人種差別撤廃条約」では、参加国で差別が行われていないか、一定の期間を置きながら、国連の人権差別撤廃委員会が審査してきました。

今回の「最終見解」は、日本への審査の総括として、同委員会が8月29日に採択したものです。最終見解は、日本のヘイトスピーチの状況にも言及しており、特に在日韓国・朝鮮人（コリアン）への人種差別的デモ・集会をする団体によるヘイトスピーチの蔓延や、政治家・公人によるヘイトスピーチが報告されたことや、メディアでのヘイトスピーチの広がりなどについて、懸念が表明されています。さらに、そうした行為が適切に捜査・起訴されていないことも、懸念点だとしています。

こうした懸念状況に対して、最終見解は、ヘイトスピーチを規制するための措置が、抗議する権利を奪う口実になってはならないと指摘するとともに、「弱者がヘイトスピーチやヘイトクライムから身を守る権利」を再認識するよう指摘しました。

そして、人種及び社会的マイノリティーへの差別的な表明や差別的暴力に断固として取り組むことや、メディアのヘイトスピーチと闘うため適切な手段をとること、そうした行為に責任のある個人・団体を訴追したり、ヘイトスピーチをする政治家・公人に制裁を科すことなどを、政府に勧告しています。

一刻も早く人種差別撤廃委員会の31項目の勧告を誠実に受けとめ、ヘイトスピーチを含む人種及び社会的マイノリティーへの差別を禁止する新たな法整備がなされることを、国立市議会として強く求めます〉

提案者のひとりである上村和子市議は、私の取材に対して次のように答えた。

「マイノリティが安心して暮らせるような社会を作ることも行政の大事な役割。その使命を放棄したくなかった」

ニュースや新聞記事でヘイトスピーチの現状を知り、それがきっかけで差別問題に関する学習会などに足を運んだ。そこで京都朝鮮学校襲撃事件の映像や差別デモの様子を写した動画を目にした。

「一部の人間による、特別な事件なのだと考えることができなかった。これは社会の問題であり、また地域の問題だと思ったんです」

素案をつくり、自民党から共産党まで、すべての同僚議員を説得してまわった。反対する者はいなかった。「みんな、わかってくれるんだ」と安心した。

しかし、採択が決まり、それが報道されると、今度は非難の声が上村に寄せられた。

自宅に抗議電話が相次いだ。几帳面な上村は、そんな電話にも根気強く応対した。

ある女性は「ヘイトスピーチを規制する必要はない」と電話口でまくし立てた。

「在日なんて嫌われて当然。税金だって払っていないんだから！」

上村は「そんなことはない」と説明したが、女性は「あなたがうそを言っている」と聞く耳を持たなかった。

市役所にも決議を非難する電話やメールが届けられた。すさまじい抗議の嵐に、一瞬たじろいだという。

「でも、被差別の当事者であれば、もっと激しい罵倒もされるのだろうと思うと、落ち込むわけにいかなかった」

しかし、世間はけっして非難一色ではなかった。

国立の動きは全国に知られるようになり、ヘイトスピーチ対策を求める自治体決議が全国に広まっていったのである。2015年4月現在、ヘイトスピーチ規制を求める意見書を採択した自治体は全国で50を超えた。

また、大阪・門真市のように既存の条例（人権尊重のまちづくり条例）を活用し、人種差別団体に公民館や公園など市施設を使わせない方針を打ち出したところもある。

地方議会の動きに呼応するように、国会でも包括的な差別禁止法の制定に向けて与野党が動き出した。制定が近いとされるのは、罰則を設けない一種の理念法であるが、ヘイトスピーチに対して一定の歯止めになるのではないかと期待されている。

ようやくヘイトスピーチをめぐる社会的包囲網が、できつつあるようにも思われる。

とはいえ、国の姿勢はまだまだ不十分だ。法務省は啓発ポスター1万6000枚をつくり、出先機関や自治体に配布している。ポスターには差別被害の相談先として「みんなの人権110番」の電話番号が記されているが、これがまた、すこぶる評判が悪い。

「朝鮮人を殺しに来た」と叫ぶ在特会の宣伝動画を「ネット上から削除することはできないのか」と相談した在日コリアンの女性は、「110番」の相談員から次のような言葉を聞くことになった。

「人権にとって、当事者ががんばるのは重要。国が組織としてやれることをきちんとやらなければ、守らなければ、というのはその通りだが、当事者がきちんと声をあげることによって人権問題は今まで解決してきた例が多い」

当事者の負担を軽減し、率先して解決にあたるのが行政の役割ではないのか。この女性は「電話なんてしなければよかった」と落ち込んだ声で話す。

「結局、救済の手段なんて何もないのだ、と思わざるを得なかった。むなしいだけです」

▼〝カウンター〟の活動

一方、ヘイトスピーチに抗する世論を後押ししているのが、前述した〝カウンター〟と呼ばれる反差別運動に参加する人々の力であることは間違いない。

高校生が、大学生が、会社員が、主婦が、ミュージシャンが、劇団員が、年金生活者が、街頭で在特会などのデモに対して抗議の声をあげる風景は、いまや珍しくなくなった。その多くはこれまで「運動」とは無縁に、しかし理不尽な差別に対しては憤りを抱える者たちである。

カウンター活動が大衆的な盛り上がりを見せるようになったのは、2013年の2月ごろだった。在特会が新大久保や鶴橋など、在日コリアン集住地域におけるデモを繰り返している最中である。

カウンターの先駆けとして「レイシストをしばき隊」(現在は「CRACK」と改称)なるグループを組織した野間易通は、私との対談でこう答えている。

「コワモテで人相の悪い者を集めて、新大久保の要所要所を見張った。デモを終えて商店街にイタズラしにくる在特会を迎え撃つためです。で、実際に一発でブロックした(笑)」

野間はその日、ツイッターに「文字通りの〝NO PASARAN!〟(やつらを通すな)完遂」と書き込んだ。

「あのころからパラダイムシフトが起きた。あいつらの行動は止められる、状況を変えられるかもしれないという気持ちが、ネットの内外で広がっていったんですね」

「しばき隊」に続けとばかりに、さらにコワモテの「男組」、女性だけの「女組」、プラカードを掲げてデモに抗議する「プラカ隊」など、様々なグループが生まれた。もちろん、そうしたグループとは無関係に、抗議のために足を運ぶ人々も一気に増えた。

「差別をやめろ！」

「レイシストは帰れ！」

デモ隊に向けて沿道に集まったカウンター勢が一斉に罵声を飛ばす光景は、いまやおなじみである。これに対して「カウンターの言動もひどい」と冷めた見方をする人々がいるのも事実だ。しかし被差別の当事者が「死ね」「殺す」と、のど元に匕首《あいくち》を突きつけられた状態で、抗議のあり方を論評している余裕などあるだろうか。

街頭で怒鳴りつけるだけがカウンターではない。

「ヘイトスピーチ、許さない。」

そう書かれたステッカーを後部のガラスに貼り付けたタクシーが大阪市内で走り回っている。54台の車両を保有する日本城タクシー（本社・大阪市住之江区）だ。

「差別に賛成するタクシーよりも、反対するタクシーのほうが気持ちいいやろ？　商売人としては当然のことですわ」

冗談めかした口調で話すのは、同社の坂本篤紀社長（49歳）である。

きっかけは、「差別デモを目にしてしまったから」だという。

「道頓堀で偶然にも在特会のデモを目にしたんです。いやあ、ひどいもんです。なんていうか、人間として恥ずかしくなった」

さらにはニュースなどで、各地で差別デモが行われていることを知った。

「社会として許したらあかんでしょう。というか、許されるべき理由が一つも見つからない。であれば、アカンもんはアカンと、訴えていかなならんでしょうに」

いわば「社会的使命」としてステッカー貼付を決めたのだという。

２０１５年１月。法務省の人権啓発ポスターのデザインを「そのままパクって」ステッカーを製作した。

人権や差別問題の活動歴があるわけでもなかった。それどころか、若いころは何の根拠もなく在日コリアンへの偏見もあったという。だが、大人になって会社を営むようになって、生きていくうえでも、商売をするうえでも、差別と偏見は何の役にも立たないことを知った。

「もちろんウチで働く運転手のなかにも、差別的な人間はおるかもしれん。お客さんのなかにも当然いるでしょうね。でね、そんなときにこのステッカー見て議論になれば理想やな。それぞれがヘイトスピーチとは何か、なぜアカンのか、考えるきっかけになる。だからウチの運転手は大変ですよ。このステッカーのことでお客さんに絡まれたら、きちんと応対せなアカンからね。負けんように勉強せなならんな」

ちなみに「ヘイトスピーチになぜ反対するんだ？」「あんたらは朝鮮人か？」といった抗議電話も少なくないという。

「そりゃあ面倒ではあるけれど、電話でガーガー言われても死ぬことないしなあ。別に受話器が頭を殴るわけやない。お客さん、差別に賛成なんですか？　と冷静に聞き返せばいいだけや」

▼政界との関係は？

こうして社会の包囲網ができあがりつつあるなかで、ヘイトスピーチを路上で牽引してきた在特会はどうなっていくのだろう。

その点にも少しばかり言及しておこう。

会長が交代したことは先に触れた。

これに関しても「桜井は泥船から逃げ出した」(前出・地方支部幹部)といった見方もある。

新会長の八木は就任の挨拶で「今後は政治家に直接声を届ける」と言明した。さらに桜井も前述した「ニコニコ生放送」において「運動から離れることはない」と強調したうえで、「後進の指導に当たる」と述べている。

これをもって「在特会は政界へのロビー活動を活発化させる」「桜井も政界進出も検討しているのでは」といった〝期待〟を漏らす向きも少なくないようだが、果たしてそうした展開があるだろうか。

実は、このところ永田町界隈では在特会と政界との「黒いつながり」が話題となっている。

まず、話題の筆頭はなんといっても元在特会幹部・増木重夫との写真がネットに流通して話題となった自民党参議院議員の山谷えり子だ。警察組織を管理する国家公安委員長という要職にありながら、当初は「在特会など知らない」とシラを切っていたものの、内外の記者から追及されると「知らないとは言ってない」と前言を翻すなど、ひたすら逃げ回った。

この問題で私も出演したTBSラジオ「荻上チキ・Session-22」では、山谷に真意を聞くべく質問事項を書面で送付した。だが、この回答が、また呆れかえるしかない内容だった。

「ヘイトスピーチはよくない」としながらも、在特会に対する認識を問われると「在日韓国人・朝鮮人問題を広く一般に提起し、彼等に付与されている『特別永住資格』の廃止を主張するなど、『在日特権』をなくすことを目的として活動している組織と承知していま す」と、まるで同会の活動内容を肯定したかのような、回答を寄せたのである。

「写真騒動」に巻き込まれたのは山谷だけではない。なんと、安倍晋三首相にも飛び火した。これもまた、元幹部の増木と親しげに肩を並べた写真である。

この増木という人物、在特会草創期に関西支部長を務め、自らも「教育再生・地方議員百人と市民の会」なる組織を率いて保守系政治家の支援活動を行なってきた。学習塾経営の傍ら、「反日教組」「反自虐史観」などを掲げて教育問題などに関わり、地元の大阪・吹田市では右派活動家として古くから知られた存在だ。騒動になってからは削除されたが、最近まで残っていた「百人の会」ホームページには、賛同人として総務大臣の高市早苗や元衆議院議長伊吹文明、二之湯智など自民党議員の名前も記されていた。

在特会の古参会員がこっそり打ち明ける。

「在特会が立ち上がったばかりの頃、桜井さんは政治家とのパイプ役を求めていたんです。そこで頼りにされたのが保守活動を通じて政界に人脈を持つ増木さんでした。増木さんの紹介で、桜井さんは何人もの国会議員と直接に会っているはずです」

当の増木は私の取材に対し、桜井に政治家を紹介したことは認めたが、「私自身、いまは在特会との関係は切れている。名前の挙がった政治家とは普通に記念写真を撮っただけであり、迷惑をかけてしまった」と落ち込んだ声を出した。実際、増木は活動方針などをめぐって桜井とは「ケンカ別れ」しており、現在、在特会との直接的なつながりはない。

しかし増木の周辺にはいまでも在特会関係者は数多く存在し、そのなかには同会主催のデモや街宣に積極的に関わっている者もいる。

だからこそ名前の挙がった政治家が、在特会との関係や、その思想的距離感を問われるのも仕方のないことだろう。

在特会との関係を疑われる政治家は枚挙にいとまがない。

たとえば片山さつき参院議員は、在特会が主催する差別デモの常連参加者と一緒にネット番組に出演するなど、以前から同会との関係が指摘されてきた。

生活保護の不正受給や、外国人への支給に強硬に反対する片山氏の主張は、在特会の主張と親和性があり、会員の間でも人気が高い。２０１２年にネット右翼などが中心となって新宿で開催した「片山さつき頑張れデモ行進」には本人も激励に駆けつけたが、その場には在特会関係者も姿を見せている。

同じく２０１２年、「慰安婦問題を糺し毅然とした国の対応を求める意見交換会」が衆議院第一議員会館で開催された。主催者は「なでしこアクション」なる団体だが、代表者の山本優美子は在特会の元事務局長である。

この集会には、新藤義孝、古屋圭司、稲田朋美、衛藤晟一、塚田一郎などの国会議員が参加。それぞれスピーチをおこなった。

ほかにも中山恭子、義家弘介、有村治子、西田昌司、磯崎陽輔などの各議員も、在特会との関係が強いか、もしくは会員が運営に関わっている団体主催の集会に出席していたことが判明している。

一部では、これが在特会の「永田町人脈」とも噂されるわけだが、私が知る限りにおいて、名前が挙がったほとんどの議員は脇が甘すぎることは事実だが、「人脈」と呼べるほどの関係を持っているわけではない(もちろん欧米であれば、ネオナチ団体との関係を疑われただけで責任追及されるのは必至だ。日本は相当に甘い)。

なによりも今後、ヘイトスピーカーとして有名になりすぎた在特会との関係を公然化させる議員は少ないであろうし、在特会や桜井もまた、永田町に近づくことは困難となろう。ましてや「政界進出」など、現状を考えれば戯言に等しい。

だが本当の問題は「在特会と政界のつながり」などではない。

前述した議員のみならず、けっして少なくはない議員が、そもそも「在特会的」な主張を繰り返していることこそ、危惧すべき点ではないのか。隣国との対立を煽り、復古的な教育を礼賛し、偏狭なナショナリズムを喧伝し、在特会関係者による集会へ無警戒にも足を運ぶ議員が後を絶たない。

在特会が政界に近づいているわけではない。政治家の側が勝手に「在特会化」しているだけなのだ。

エピローグ

▼人は差別を「学んで」いく

「今度生まれ変わることができたら、どこの国でもいいから、自分の国で生まれたいな」

知り合いの在日女性に、そう言われたことがある。彼女もまた、在日であることだけを理由に、ネットで中傷され、勤務先にイタズラ電話をかけられるなどの被害に遭ってきた。どう答えていいのかわからなかった。返すべき言葉を見つけることができず、私は沈黙で応えるしかなかった。

いま、日本社会の一部は、差別と排他の気分に満ち満ちている。在日コリアンを罵倒する言葉は、路上で、ネットで、毎日のように飛び交っている。

息苦しい。そして、腹立たしい。

自らの存在を否定され続けてきた被害当事者であれば、なおさらのことだろう。

私は当初、聞くに堪えないヘイトスピーチの〝主体〟に関心を持ち、主に在特会を追いかけた。彼ら、彼女らが何者であるのかといった視点で取材を重ねた。

様々な人間がいた──結論を言えば、この一語で十分に事足りる。もちろん各人にはそれぞれの「物語」があり、身勝手ではあるけれど、自身の差別性を肯定するために必要な言葉も有していた。そのことに関しては『ネットと愛国──在特会の「闇」を追いかけて』（講談社）で緻密に描いたつもりだ。

だが、いまは加害者分析に時間を取られる必要を私は感じていない。というのも、差別扇動の主体はもはや在特会だけに限定されないからだ。

在特会の「乱暴な言葉づかい」に嫌悪を示しながら、「差別される側にも、それなりの理由がある」のだとしたり顔で論評する向きは、私の周囲でも珍しくない。

執拗に近隣国の脅威を煽るメディアがあり、特定の民族を貶める書籍が流通し、それらをネタ元として、社会のなかで差別と偏見が量産されていく。

在特会が街頭を練り歩かなくとも、ヘイトスピーチは〝拡散〟されていくのだ。

民放のバラエティ番組で「在特会はいいこともしたんです」と発言したのは明治天皇の玄孫《やしやご》を名乗る竹田恒泰（作家・評論家）である。竹田は「在特会の活動のおかげで在日特権が明らかになった」として「通名」の問題を挙げた。

「たとえば通名っていうのがあって、日本人の名前に変えることによって、今までの犯罪歴から、金融機関の経歴から全部消すことができて、また新たな犯罪ができるとか」

「(それを)在特会が問題提起したことというのは、かなり重要なことも含まれているんです。(中略)在特会には在特会の意義はあったと思うんですね」

まったくもってメチャクチャな物言いである。通名は本名とともに登録されるものであり、犯罪歴の抹消などできるわけがない。これは「問題提起」でもなんでもなく、差別集団が捏造した、ただのヨタである。

しかし、収録番組でありながらテレビ局はこの発言に何の注釈もつけずに垂れ流し、また、視聴者の側でも人気コメンテーターの発言を無条件に受け入れた者は少なくないだろう。

「在日は犯罪をやり放題」といった醜悪なデマが、テレビと人気コメンテーターによって〝お墨付き〟を与えられ、憎悪の種が社会にばらまかれている。

生まれながらの差別主義者などいるわけがない。在特会のメンバーたちが「ネットで真実を知った」ように、ルワンダの部族がラジオで対立部族への憎悪を煽られたように、ヒトラーが反ユダヤ雑誌の影響を受けてレイシズムの階段を駆け上ったように、人は差別を「学んで」いくのだ。そして無自覚のうちにヘイトスピーチを自らの中に取り込んでいく。

その先にあるのは殺戮や戦争だ。

大げさな話ではない。その萌芽は私たちの日常に転がっている。

▼首相官邸前で起きた〝事件〟

たとえば2014年夏、広島市が大雨による土砂災害の被害に遭ったさい、ネット上では「外国人が被災民家を狙って空き巣をしている」といった書き込みが相次いだ。

〈目のつりあがった連中がここらそこらを徘徊してます。警察の方々もいつものように職務質問出来ません。ボランティアのフリをしてますので。どこまで腐ってるのか朝鮮人!!〉

〈火事場泥棒は朝鮮人・中国人の国技みたいなもの！〉

なかには「防具を持って警戒する」と自警団の存在を示唆するツイートさえ出回った。

さすがに批判が相次いだだけでなく、このときばかりは地元警察も「外国人犯罪」を否定するなどウワサの火消しに躍起となった。

だが、こうした流言飛語が飛び交うこと自体、人々の中にある差別感情が露呈したともいえよう。万が一にでもこうした感情が爆発すれば、関東大震災の直後に起きた朝鮮人虐殺が再現される可能性だってゼロとはいえまい。

2014年8月15日、東京都内の居酒屋で、在特会メンバーら50人が、居合わせた反差別グループのメンバーらに対して集団暴行事件を起こした。その際、在特会側は「朝鮮人帰れ！」と叫びながら暴行に及んだという。

この事件では在特会側から5人の逮捕者が出ているが、私は暴行そのものよりも「朝鮮人帰れ！」という言葉に、より大きな犯罪性を感じてならない。当日被害に遭った反差別グループのなかには外国籍の者はいなかったが、それでも露骨な差別感情に基づいた犯罪であることは間違いない。私は取材の過程で何度も耳にしたフレーズがある。「差別に反対するのは朝鮮人だ」。そう信じることで、自らの差別意識が正当化できると思い込んでいるのだろうか。

2015年3月20日にも、あらたな事件が起きている。舞台となったのは法治国家である日本の中枢、首相官邸前だ。

反原発団体による「再稼働反対集会」がおこなわれている最中だった。官邸と道路を挟んだ向かい側にある国会記者会館の駐車場から、集会参加者に向けて、こぶし大の石が投げつけられた。石は参加者の一人の足に当たった。

投石の〝犯人〟は、記者会館に出入りするハイヤー運転手だった。周囲は騒然となったが、運転手は悪びれることなく、なんと、中指を立てながら「朝鮮人！」と叫んだのであった。

すぐさま警察官が駆け付け、運転手は形ばかりの謝罪をしたというが、後味が悪すぎる。特定人種を罵りながらの投石、これこそ立派なヘイトクライムだ。

原発に賛成ならば、そう訴えればすむことではないか。それじたい、まったく問題はない。主張の対立や見解の相違が生じるのは、人が集まれば当然のことである。なのになぜ、そこにヘイトスピーチを絡めないといけないのか。

結局、誰かを「敵」に見立てることで、何かがわかったつもりになっているだけなのだ。なんと安直な心情だろうか。

しかも、社会を分断させるこうした空気は、攻撃の矛先をさらに広げている。〝標的〟となるのは外国籍住民だけに限らない。

韓国ドラマの放映が許せないと、テレビ局に数千人規模の抗議のデモ隊が押しかける。

別のテレビ局には、歌番組に韓国人歌手が出演するのは「日本人差別」だと、やはりデモ隊が押しかけて気勢を上げた。

何か事件が起きるたびにネット上で「犯人捜し」がはじまり、関係者の名前や顔写真、自宅住所があっという間に拡散される（当然ながら〝誤爆〟も少なくない）。

東日本大震災直後には「電気を無駄遣いしている」と、パチンコ店の前で抗議集会を開くグループがいた一方で、震災被災者を「補償金で遊んでいるプロ避難民」と非難するための集会が福島でおこなわれている。

広島では8月6日に「核兵器推進」を訴えながら、「原爆ドームなんて解体しろ」「被爆者特権を許すな」と叫ぶデモの隊列を私は見た。

わかりやすい「敵」を発見しては、食いついて回る暗い情念が、各所で暴発している。

▼ビールとともに飲み込んだ反論

「そんなにカネがほしいのか」——

水俣市（熊本県）に住む緒方正実（57歳）の自宅に、男の声で電話があったのは2014年5月1日夜のことだ。

不在の緒方に代わって、妻が電話を受けた。

「テレビのニュースに出ていたのは、あんたのダンナか。いつまで騒いでいるのか。そんなことだから国がおかしくなる」

男はそれだけ言うと、名前も告げることなく電話を切った。

緒方は2007年に水俣病患者に認定されている。それまでは認定を求めて長きにわたり国と闘ってきた。現在は地元の水俣病資料館で「語り部」を務めている。

中傷の電話があったのは、水俣病犠牲者慰霊式がおこなわれた、まさにその日だった。慰霊式に出席した緒方は地元テレビ局のインタビューに応じ、「多くの被害者を出した水俣病の記憶を消してはいけない。これからも発信していきたい」と訴えた。

男は、その模様を報じたニュースを見たうえで電話してきたのだろう。以来、約一ヶ月にわたって数十本の無言電話が続いた。ベルが鳴るのは深夜や明け方に集中した。

「水俣病に対する差別と偏見があるからでしょう。電話の主からすれば、公害病認定患者というのは『国を騒がす』迷惑な存在であり、さらには何らかの特権を持っているとでも思っているのでしょうか」

そうした感情が世間に存在していることを、緒方は自覚している。

少し前、福岡・中洲の居酒屋で飲んでいたときのこと。店主に水俣から来たのだと話しかけたら、「水俣病患者ってのは金の亡者ばかりでしょ」と返ってきたという。自らが認定患者であることは告げずに、「そんなことはありませんよ」と反論したが、横に座っていた妻が緒方の足を軽く叩き、「何も言わないで」と目で合図した。口論になっては困ると思ったのだろう。

しかし事情を何も知らない店主は、水俣病患者への偏見をさらし続ける一方だった。

「みんな金がほしいだけなんですよ。テレビ見てると、患者を名乗っている人、みんな元気そうじゃないですか」

緒方は反論をあきらめ、ひたすらビールをあおった。

「あるいはそれが、世間の空気なのかもしれません」

緒方はそう言って苦渋に満ち満ちた表情を見せた。

病気であると差別され、その地域に住んでいるというだけでも差別されてきた。それが水俣病の歴史でもある。そしていま、被害補償や権利回復のために発言するだけで「金の亡者」と罵られる。

「私は中傷の電話をかけてきた者に腹も立てていますが、その人を責めるだけでは何も解決しないようにも思えるのです。責任から逃れようとし、犠牲者を出してきたにもかかわらず、人の命を軽視してきた国の態度が、こうした空気をつくってきたのかもしれません」

取材先で見てきたいくつもの光景が重なる。

レイシズムに基づいたものばかりではなかったし、すべてにヘイトスピーチが存在したわけでもない。

だが、ありもしない「在日特権」を叫ぶ者たちも、韓国ドラマが許せないとデモする者たちも、被災者や被爆者、公害病患者を中傷する者たちも、私の中ではどれもが一つの線で結ばれている。

すべては地続きだ。

草の根として表出したこれらの現象は、しかし、同時に上からの影響を受けて肥大化してきた。

「深刻な差別は存在しない」と対策を怠ってきた国の責任は免れない。その無策によって差別することとじたいを拠り所とする人々をも生み出してきた。

敵を発見し、敵を吊るす――。

社会はいま、こうした憎悪と不寛容の回路の中で動いている。

そうした時代とどう向き合っていくべきか。

法規制をしても、言葉を取り締まっても、おそらく人の住む世に差別は残る。

だが、そこで思考停止してしまうことだけは避けたい。

何度でも繰り返す。

ヘイトスピーチは人を壊す。地域を壊す。そして社会を壊す。

生きていくために、私たちはそれと闘っていかなければならないのだと私は強く思う。

○

本書を執筆するにあたって、多くの方にご協力をいただいた。

私はもともと、人に喜んでもらえるような幸せな取材経験に乏しい。警戒され、嫌がられ、結果的に無理やり言葉を奪いとっていくような取材経験を積んできた。

本書の場合も例外ではない。なかでも差別集団に属する人々にとって、私の取材は迷惑以外の何ものでもなかったに違いない。不本意ではあったけれど、互いに喧嘩腰で向き合わざるを得ないことも少なくなかった。それでも、わずかであっても、たとえ「敵」として認知された結果であったとしても、素直な心情を明かしてくれた方には取材者としての感謝を申し上げたい。

一方、差別される側の人々もまた、私と向き合った時間はけっして愉快なものではなかったはずだ。思い出したくもない記憶を紐解き、爆発しそうな憤りを抑え、苦痛と戦わざるを得なかったに違いない。要領の悪い私の質問に辛抱強く付き合ってくださったことに、心からお礼を申し上げたい。

そして本書の原稿を、驚異的な忍耐力をもって待ち続けた新書編集部の島津久典氏には、ただただ深く頭を垂れるだけである。取材や執筆にあたっては多くの示唆もいただいた。最大限の感謝とお詫びを併せてお送りしたい。

安田浩一（やすだ　こういち）

1964年生まれ。静岡県出身。「週刊宝石」「サンデー毎日」記者を経て2001年よりフリーに。事件、労働問題などを中心に取材・執筆活動を続けている。主著に『外国人研修生殺人事件』（七つ森書館）、『ルポ　差別と貧困の外国人労働者』（光文社新書）などがあり、2012年『ネットと愛国　在特会の「闇」を追いかけて』（講談社）で第34回講談社ノンフィクション賞受賞。2015年には「ルポ　外国人『隷属』労働者」で第46回大宅壮一ノンフィクション賞（雑誌部門）を受賞した。

文春新書

1027

ヘイトスピーチ
「愛国者《あいこくしゃ》」たちの憎悪《ぞうお》と暴力《ぼうりょく》

2015年（平成27年）5月20日　第1刷発行

著　者　安　田　浩　一
発行者　飯　窪　成　幸
発行所　株式会社　文　藝　春　秋

〒102-8008　東京都千代田区紀尾井町3-23
電話（03）3265-1211（代表）

印刷所　理　想　社
付物印刷　大　日　本　印　刷
製本所　大　口　製　本

定価はカバーに表示してあります。
万一、落丁・乱丁の場合は小社製作部宛お送り下さい。
送料小社負担でお取替え致します。

ISBN978-4-16-661027-3

◆アジアの国と歴史

韓国人の歴史観　黒田勝弘
中国人の歴史観　劉　傑
「南京事件」の探究　北村　稔
中国はなぜ「反日」になったか　清水美和
竹島は日韓どちらのものか　下條正男
在日・強制連行の神話　鄭　大均
東アジア「反日」トライアングル　古田博司
歴史の嘘を見破る　中嶋嶺雄編
"日本離れ"できない韓国　黒田勝弘
韓国・北朝鮮の嘘を見破る　鄭　大均・古田博司編
北朝鮮・驚愕の教科書　宮塚利雄・宮塚寿美子
百人斬り裁判から南京へ　稲田朋美
中国雑話　中国的思想　酒見賢一
中国を追われたウイグル人　水谷尚子
旅順と南京　一ノ瀬俊也
若き世代に語る日中戦争　伊藤桂一・野田明美(聞き手)

新・脱亜論　渡辺利夫
中国が予測する"北朝鮮崩壊の日"　綾野・富坂　聰編
中国共産党「天皇工作」秘録　城山英巳
外交官が見た「中国人の対日観」　道上尚史
中国の地下経済　富坂　聰
日中韓　歴史大論争　櫻井よしこ・田久保忠衛・古田博司・劉　江永・歩平・金燦栄・趙甲濟・洪熒
ソニーはなぜサムスンに抜かれたのか　菅野朋子
金正日と金正恩の正体　李　相哲
中国人一億人電脳調査　城山英巳
緊迫シミュレーション　日中もし戦わば　マイケル・グリーン・張宇燕・春原　剛・富坂　聰
韓国併合への道　完全版　呉　善花
中国人民解放軍の内幕　富坂　聰
習近平の密約　加藤隆則・竹内誠一郎
北朝鮮秘録　牧野愛博
独裁者に原爆を売る男たち　会川晴之
現代中国悪女列伝　福島香織
侮日論　呉　善花
中国停滞の核心　津上俊哉

日米中アジア開戦　陳　破空・山田智美訳
「従軍慰安婦」朝日新聞vs.文藝春秋　文藝春秋編
韓国「反日」の真相　澤田克己

(2015. 3) C

◆経済と企業

金融工学、こんなに面白い　野口悠紀雄
日本企業モラルハザード史　有森 隆
臆病者のための株入門　橘 玲
臆病者のための億万長者入門　橘 玲
団塊格差　三浦 展
熱湯経営　樋口武男
定年後の8万時間に挑む　加藤 仁
ポスト消費社会のゆくえ　辻井 喬 上野千鶴子
霞が関埋蔵金男が明かす「お国の経済」　髙橋洋一
石油の支配者　浜田和幸
強欲資本主義 ウォール街の自爆　神谷秀樹
日本経済の勝ち方 太陽エネルギー革命　村沢義久
ハイブリッド　木野龍逸
エコノミストを格付けする　東谷 暁
就活って何だ　森 健
新・マネー敗戦　岩本沙弓

自分をデフレ化しない方法　勝間和代
先の先を読め　樋口武男
JAL崩壊　日本航空・グループ2010
明日のリーダーのために　葛西敬之
ユニクロ型デフレと国家破産　浜 矩子
もし顔を見るのも嫌な人間が上司になったら　江上 剛
ぼくらの就活戦記　森 健
ゴールドマン・サックス研究　神谷秀樹
出版大崩壊　山田 順
東電帝国 その失敗の本質　志村嘉一郎
修羅場の経営責任　国広 正
資産フライト　山田 順
脱ニッポン富国論　山田 順
さよなら! 僕らのソニー　立石泰則
松下幸之助の憂鬱　立石泰則
ビジネスパーソンのための契約の教科書　福井健策
日本人はなぜ株で損するのか?　藤原敬之
日本国はいくら借金できるのか?　川北隆雄

高橋是清と井上準之助　鈴木 隆
ビジネスパーソンのための企業法務の教科書　西村あさひ法律事務所編
サイバー・テロ 日米vs.中国　土屋大洋
ブラック企業　今野晴貴
新・国富論　浜 矩子
税金 常識のウソ　神野直彦
エコノミストには絶対分からないEU危機　広岡裕児
『ONE PIECE』と『相棒』でわかる! 細野真宏の世界一わかりやすい投資講座　細野真宏
通貨「円」の謎　竹森俊平
こんなリーダーになりたい　佐々木常夫
日本型モノづくりの敗北　湯之上 隆
売る力　鈴木敏文
日本の会社40の弱点　小平達也
平成経済事件の怪物たち　森 功
アメリカは日本の消費税を許さない　岩本沙弓
税務署が隠したい増税の正体　山田 順
会社を危機から守る25の鉄則　西村あさひ法律事務所編
税金を払わない巨大企業　富岡幸雄

(2015. 3) B